中东欧研究系列

中东欧十六国高等教育现状

兼论EQUIS在中东欧

宋彩萍　巫雪松　编著

上海人民出版社　格致出版社

目　录

综　论

　　高等教育质量是各国高等教育的核心竞争力，也是 21 世纪的重要话题。随着"中国—中东欧国家合作"机制的建立，全方位系统研究中东欧十六国就成为中国主动谋划与塑造对欧关系的重大外交工程。

　　从质量保障视角对中东欧十六国高等教育进行研究，是一个充满魅力又深具挑战的课题。一方面，目前有关中东欧国家高等教育研究的碎片化和资料匮乏的并存现象，给本课题带来巨大挑战。另一方面，中东欧十六国各具特色的文化背景与历史传统，以及系统梳理其高等教育现状又带给本课题许多期待。聚集在欧洲 1 016 万平方千米土地上的 45 个国家和地区，有欧盟成员国 28 个[①]，中东欧加入欧盟的国家共有 11 个，占欧盟成员

---

① 欧盟(European Community)是欧洲国家为推行欧洲经济、政治一体化，并具有一定超国家机制和职能的国际组织，是在欧洲煤钢共同体和欧洲经济共同体的基础上于 1993 年成立的。欧盟出台的一系列政策旨在确保人员、商品、服务与资本在欧盟成员国的自由流动；28 个欧盟成员国为：英国、法国、德国、意大利、荷兰、比利时、卢森堡、丹麦、爱尔兰、希腊、葡萄牙、西班牙、奥地利、瑞典、芬兰、马耳他、塞浦路斯、波兰、匈牙利、捷克、斯洛伐克、斯洛文尼亚、爱沙尼亚、拉脱维亚、立陶宛、罗马尼亚、保加利亚、克罗地亚，占欧洲国家的 62.2%。其中，中东欧加入欧盟的国家有 11 个，占中东欧十六国的 68.8%。

国总数的 39.28％,把中东欧十六国放在欧洲高等教育质量保障框架下审视其高等教育非常之有必要,借此也可以从更宏观的视角认识 EQUIS。

0.1 欧洲高等教育质量保障框架概览

作为高等教育机构诞生最早的一个洲,欧洲拥有许多令人向往的高等教育机构,其高等教育质量保障体系也成为长期以来人们关注的焦点。

20 世纪 50 年代以来,欧洲政治经济一体化进程明显加快。1951 年 4 月,欧洲经济共同体第一个联盟雏形——欧洲煤钢共同体(European Coal and Steal Community,ECSC)诞生。1958 年,欧洲经济共同体(European Economic Community,EEC)在 ECSC 基础上成立。此后,欧洲理事会(European Council)和欧洲议会(European Parliament)相继成立。1992 年,《马斯特里赫特条约》签署,欧洲联盟(European Union)形成,1993 年,欧盟(European Community)诞生。1999 年欧元化顺利启动,欧洲国家经济领域的合作更为密切。以上这些国际组织成为欧洲高等教育一体化市场建立的基础。如从 1997 年开始的《里斯本公约》到 1998 年的《索邦宣言》和 1999 年的"博洛尼亚进程",再到 2001 年在捷克首都布拉格通过的《布拉格宣言》,其目标都是为了建立统一的、高质量的、具有吸引力的欧洲高等教育市场。

0.1.1 欧洲跨国家层面的高等教育质量保障框架

20 世纪 80 年代末,欧洲围绕高等教育共同体与高等教育质量两个关键词,制定了一系列相关制度,开展了一系列改革措施,深刻地影响了欧洲高等教育的国际化进程,也在客观上进一步提升了欧洲高等教育的国际竞争力。

1.《索邦宣言》与《博洛尼亚宣言》

1997年4月8—11日,欧洲理事会与联合国教科文组织在葡萄牙里斯本共同推出了《里斯本公约——欧洲高等教育领域文凭互认的协议》(Convention on the Recognition of Qualifications Concerning Higher Education),简称《里斯本公约》(Lisbon Convention)。《里斯本公约》旨在聚焦欧洲地区的高等教育质量标准,成为欧洲学术流动与认可的信息网络中心,可以视为欧洲各国高等教育机构的综合性法律框架和规章制度,在欧洲地区高等教育界有很强的约束力,是奠定"博洛尼亚进程"的基础性文件。

1998年5月25日,德国、法国、意大利和英国的教育部长在庆祝巴黎大学诞辰800周年时共同签署了《建设和谐欧洲高等教育体系的联合宣言》,又称为《索邦宣言》(Sorbonne Declaration)(巴黎大学的别称为索邦大学,故名)。《索邦宣言》认为,大学在发展欧洲文化方面起着关键作用,建立欧洲高等教育区是促进公民流动、增强公民就业能力及实现欧洲大陆整体发展的重要手段。《索邦宣言》在欧洲高等教育一体化发展进程中具有里程碑的意义,它率先明确提出了建立欧洲高等教育区的理念,为欧洲各国高等教育交流与合作描绘出一个明确且长远的目标,在欧洲各国引起了强烈反响。之后,欧盟成员国高等教育总负责人和欧盟大学校长联合会(The Confederation of European Union Rectors Conferences, AEGEE)举行会议,宣布成立"索邦宣言后续工作小组",以《索邦宣言》为契机,进一步推动高等教育区的建设工作。

在《索邦宣言》的直接影响下,1999年6月18—19日,意大利教育部长邀请欧洲29个国家教育部长在博洛尼亚召开会议,继续商讨欧洲高等教育区问题,对《索邦宣言》进行了进一步的阐释论证,并正式签订了《欧洲高等教育区:欧洲教育部长在博洛尼亚会议上的联合宣言》,简称为《博洛尼亚宣言》(Bologna Declaration)。《博洛尼亚宣言》明确提出"要在 2010 年前建成欧洲高等教育区"(European Higher Education Areas,EHEA)的目标,由此启动了欧洲高等教育一体化的"博洛尼亚进程"。[①] 从近些年欧洲高等教育国际化的深入与顺利推进,可以看出《博洛尼亚宣言》对欧洲各国产生的深远影响。《博洛尼亚宣言》可以看作是欧洲自 20 世纪 60 年代以来最重要、波及面最广的高等教育改革序幕。

2.《布拉格宣言》与《柏林宣言》《卑尔根宣言》等

2001 年,欧洲各国教育部长在捷克首都布拉格召开会议,共同签署了《布拉格宣言》(Prague Communique)。在此次会议上,博洛尼亚进程的参加国由 29 个增加到 32 个,克罗地亚、塞浦路斯和土耳其成为新的成员国。[②]

《布拉格宣言》的主要内容有三部分。第一,重申建立"欧洲高等教育区"的宏伟目标,表彰欧洲国家学生联合会、欧洲大学联盟、欧盟委员会对推进博洛尼亚进程的贡献。第二,明确博洛尼亚会议上确立的六项主要行动,即建立可识别与可比较的学位体系,提高欧洲公民的就业率和欧洲高等教育的国际竞争力;建立基于学士和硕士的学位体系,明确学士三年的基础地位与作为进入劳动力市场的基本资格;建立学分转换系统,促进学生的广泛流动性;促进师生在欧洲范围内的广泛流动性;促进欧洲质量保证合作,建立可比较的质量标准;促进欧洲高等教育的全面合作。第三,新增加三项任务,即终身学习、高等教育机构与学生的积极参与欧洲高等教

---

① 《博洛尼亚宣言》是一个独立的文本,博洛尼亚进程是包括《博洛尼亚宣言》在内的一系列旨在确保实施欧洲高等教育区的一系列会议、文本与举措。

② 列支敦士登之后也成为博洛尼亚进程的签约国,成为第 33 个成员国。

育区、提高欧洲高等教育在世界范围内的吸引力和竞争力。因此,《布拉格宣言》是一个在推进或深化博洛尼亚进程中十分重要的宣言。

布拉格会议后,为有效推进欧洲高等教育区或博洛尼亚进程建设,欧洲各国教育部长又定期召开了一系列会议,发布了一系列宣言。主要有:一是柏林会议与《柏林宣言》。2003 年 9 月在德国柏林召开会议,检查博洛尼亚进程的落实情况,并确定欧洲高等教育区下一步发展的方向与重点。柏林会议期间,除签署《柏林宣言》①外,又有 7 个国家和地区申请加入博洛尼亚进程,它们分别是:阿尔巴尼亚、安道尔、波斯尼亚和黑塞哥维那、梵蒂冈、俄罗斯、塞尔维亚、马其顿。二是卑尔根会议与《卑尔根宣言》。2005年 5 月,欧洲教育部长在挪威卑尔根召开会议,并签署《卑尔根宣言》(Bergen Communique)。卑尔根会议又有 5 个国家加入博洛尼亚进程,它们是:亚美尼亚、阿塞拜疆、格鲁吉亚、摩尔达维亚、乌克兰。卑尔根会议上提交的 5 份研究报告也具有划时代意义,即博洛尼亚进程后续小组提交的《博洛尼亚进程评估》(Bologna Process Stocktaking)和《欧洲高等教育区质量框架》(A Framework for Qualification of the European higher Education Area)、欧洲大学联盟提交的《第四份发展趋势报告》(Trends Ⅳ: European Universities Implementing Bologna)、欧洲高等教育质量保证网络(European Association for Quality Assurance in Higher Education, ENQA)提交的《欧洲高等教育区质量保证标准与准则》(Standards and Guidelines for Quality Assurance in European Higher Education Area)、欧洲学生信息局提交的《学生眼中的博洛尼亚》(Bologna with student eyes)。三是伦敦会议与《伦敦公报》。2007 年 5 月,博洛尼亚进程第五次教育部长会议在伦敦召开。其间,

---

① 《柏林宣言》(Berlin Communique)的主要内容:明确博洛尼亚进程中要优先推进三项任务,即质量保证、两层的学位体系、学位与学期互认;提出"欧洲高等教育区和欧洲研究区是知识社会的两根支柱"的重要理念,将第三层学位体系即博士学位体系作为欧洲高等教育区和欧洲研究区的重要纽带。

黑山正式加入博洛尼亚进程,博洛尼亚进程签约国达到 46 个。伦敦会议对博洛尼亚进程 9 个目标进行全面评估,并根据经济全球化和知识经济快速发展的环境确定了未来两年中 6 项优先发展目标,即人员的流动性、社会向度、信息数据收集、毕业生就业率、欧洲高等教育区建设、下一步的评估。会议还决定于 2009 年在比利时的鲁汶和新鲁汶(Leuven and Louvain-La-Neuve)召开第六次部长会议。

0.1.2 欧洲各主要国家的高等教育质量保障框架

1. 英国高等教育质量保障框架

20 世纪 60—90 年代,英国高等教育实现了由精英型向大众型高等教育的转型,由此也建立了较为完善的高等教育质量保障体系框架。

1964 年,英国成立了国家学位委员会(CNAA),这是英国建立的第一个高等教育质量保障组织,主要负责多科技术学院的质量保障工作。20 世纪 80 年代末期,英国形成了"双轨制"[①]的大学拨款与质量保障体系。1992 年,英国成立了高等教育质量委员会(High Education Quality Committee,HEQC),对高等教育的质量进行统一的审核和认证。1996 年,英国成立了高等教育质量合作规划小组,具体履行 HEQC 和高等教育基金委员会(HEFCE 英格兰)的质量保障职能。1997 年,英国在高等教育质量合作规划小组的基础上正式成立了高等教育质量保障机构(Quality Assurance Agency for Higher Education,QAA),全面负责英国高等教育的质量保障工作。

英国高等教育质量保障有三个部分组成:一是外部保障系统。如英国

---

① 双轨制指的是以大学基金会(UFC)和多科技术学院基金委员会 PCFC、CNAA 为主的大学拨款与质量保障体系。

高等教育基金会(HEFCs)①、高等教育质量保障机构(QAA)②、国家职业资格委员会(NCCQ)、英国工业联盟(CSI)。这些机构依据《质量保障手册》对所有的英国高校和海外教育合作项目进行全面的质量审查与评估,向社会出版发行评估报告,供教育行政部门和高等教育基金会决策参考。二是高等学校自律或内部保障。如大学校长委员会(Committee of Vice Chancellors and Principals,AVCP,1931 年成立)、学术审查局(AAU,1991 年成立)、商业与技术教育协会(Business & Technology Education Council,BTEC,1983 年成立)③。三是民间高等教育监督保障。如《QS 世界大学排名》(Quacquarelli Symonds)、《泰晤士报高等教育世界大学排名》④以及《金融时报》大学排名等。由于指标设计的科学性及数据来源的可靠性,借助现代网络媒体的强大效应,在全球高等教育机构乃至社会各界引起的反响越来越大。

2. 德国高等教育质量保障框架

20 世纪 90 年代,德国大学校长联席会议(HRK)和各州文教部长联席会议(KMK)牵头在高等教育界开展了一系列改革。在改革进程中,德国各地区和州相继建立了一系列的地区性高校评估机构。

德国是联邦国家,16 个州在高等教育领域有立法与行政权。为保证各州高等教育能基本协调一致,1975 年诞生了第一部《高等学校总法》,确立

---

① HEFCs 每 4 年或 5 年对大学进行一次科研水平评估(Research Assessment Exercises,RAE)。
② 1999 年 11 月,QAA 颁布了《高等教育质量保证框架—6》;2000 年 4 月,QAA 又推出《学术审核及运行手册》,建立了比较完整的高等教育质量保障新框架。QAA 的主要职能有:与高校合作共同促进高等教育质量与教学标准的持续发展;向利益相关者提供清楚且准确的高等教育质量与教学标准的相关信息;管理与发展高等教育质量保障框架;就高校是否具有学位授予权和大学称号等向政府提出建议;颁布学科教学大纲的基础标准、学科教学指南等;制定高校评估和学科评估程度。
③ BTEC 既是英国商业与技术教育委员会简称,也是 Edexcel 品牌教育产品,在 1983 年由英国商业教育委员会和技术教育委员会合并而成。在英国有 400 多所高等院校开设 BTEC 课程,在全世界共有 120 多个国家、7 000 多个中心实施 BTEC 的课程。
④ 从 2004 年起,QS 和泰晤士高等教育合作,推出《泰晤士高等教育—QS 世界大学排名》(又称《THE-QS 世界大学排名》)。在发布 2009 年的排名后,QS 和泰晤士终止合作,两者至此开始发表各自的世界大学排名。

了国家高等教育发展的总体框架。在《高等学校总法》指引下,德国大学校长联席会议(HRK)、各州文教部长联席会议(KMK)和德国科学议会(Wissenchaftsrat)等机构施行了两项重要改革:一是德国大学校长联席会议(HRK)从 1998—2000 年末实施全国性的"质量保障工程"(The Quality Assurance Project),目的在于增进课程信息交流、建立质量保障的全国性标准。二是于 1999 年 7 月组建了跨州的独立机构——认证委员会(Akkreditierungsrat),由 14 名州的代表、高校代表、学生代表以及企业家和劳工组织的代表组成。认证委员会专门负责学士和硕士学位课程的审批工作,统一管理地区性认证机构申请与运作时的统一标准,负责认证、协调和监督各州认证机构开展工作的情况。认证委员会制定了一整套质量认证程序,通过评审的评估机构可获得认证委员会颁发的"质量印章",从而提高评估机构的信誉度。

1994 年,德国建立了第一家高校教学评估机构"北德大学联盟"(VUN),由布莱门(Bremen)大学、汉堡(Hamburg)大学、基尔(Kiel)大学、奥德堡(Oldenburg)大学和罗斯托克(Rostock)大学等 5 所高校联合组成。"北德大学联盟"主要对各学科专业或项目进行评估,每一年在这 5 所大学里都有 2—3 个学科同时被评估。1995 年,在下萨克森州政府支持下,建立了下萨克森州高校评估中心,资金由当地政府提供。同"北德大学联盟"一样,下萨克森州高校评估中心的任务也主要是对各学科专业或项目进行评估。1997 年,北部莱茵河的威斯特伐利亚建立了评估中介机构,负责对高等教育综合性大学的评估和高等专科学校的评估。1999 年,德国工程师协会与高等应用技术学院联合成立了"工程和信息科学教学评估机构"(ASII)。

此外,大学内部也组织一些评估,以影响最大的罗斯托克(Rostock)大学内部评估为例。该大学内部评估包括对组织的评估(如管理结构、大学的整体结构、大学财政状况、信息管理系统、非学术教职员工)、对教学的评估(如课程等)、对科研的评估、对学院全体教职员工的评估、对毕业生就业情况的评估。

3. 法国高等教育质量保障框架

法国高等教育属于典型的中央集权型高等教育管理模式,政府管理高等教育的主要方式就是计划、立法、评估、拨款。因此,法国建立了中央集权式的评估体系,政府在评估中占据主导地位,并通过国家层面的评估机构,对全国高校进行整体性评估。[1]

法国高等教育质量保障体系主要由国家高等教育研究委员会、高等教育国家评估委员会和其他相关机构组成。

国家高等教育研究委员会是政府的手臂,主要负责审核获得国家学位证书的基本条件以及批准相应的责任机构。

1984 年,法国高等教育国家评估委员会(CNE)成立(1985 年开始运作),标志着法国从宏观上加强高等教育管理的开始。高等教育国家评估委员会共有 25 名委员,委员须由总统任命,任期 4 年,且不能连任。其中,11 名委员来自学术研究机构(从国家大学委员会、国家研究委员会和法兰西学院各机构负责人的提名中选出),3 名从大学指导委员会主席的提名中选出,1 名从大学联合会主席的提名中选出,1 名来自技术信息部,3 名来自国外的教学与科研机构,4 名来自经济与社会委员会,1 名来自中央政府,1 名来自国家审计署。评估委员会主席从以上委员中产生。法国高等教育国家评估委员会是相对独立的国家行政权力机构,不受教育部领导,经费来自国家财政拨款,其工作报告直接呈送共和国总统。法国高等教育国家评估委员会进行的评估主要有院校评估、学科或学位点评估、高等教

---

[1]　吴旱凤等:《法、德、英高等教育质量保障体系考察分析》,《教育发展研究》2010 年第 7 期。

育状况三种形式。法国大学每 4 年提交一次教育计划,教育部对学校提交的计划进行研究,然后派专家前往学校进行实地考察,双方经过商定后确定教育计划协议。协议即将到期时,高等教育国家评估委员会对协议的目标完成情况进行评估,同时商讨新一轮协议事宜。高等教育国家评估委员会的评估报告会直接影响到新协议的签订和政府对大学的拨款。通过协议的方式加强对高等学校的宏观管理,既减少了政府对大学的直接干预,给予了高校较大的自主发展空间,又在一定程度了保证了高校服务国家战略和对接社会需求。高等教育国家评估委员会评估前,法国高校一般都要进行内部评估。

此外,法国还有一些其他评估机构。如国家工程师职称委员会,主要负责工程研究类的评估事宜;学位授予委员会,是在教育部高等教育理事会领导下审定研究生课程并授予相应的学位;大学理事会,负责制订学术规划、确定国家水平和为所有大学补充和促进学术人才发展等功能;国家科学研究委员会,主要负责对教育部研究基金进行分配。

4. 波兰高等教育质量保障框架

20 世纪 50 年代中期开始,波兰大部分高校就实行了苏联模式,其特点就是政府统一集中管理,教育资源按计划配置。1989 年政治转型后,统一集中的管理模式受到巨大冲击,寻求适合转型发展的高等教育管理模式就成为必然,这些改革措施也为波兰高等教育赢得了前所未有的发展机遇。

波兰转型期高等教育改革主要实行了五大举措:一是立法保障高等教育改革,具体内容见颁布的四部法案,即《高等教育法》《职称和学位法》《国家科学研究委员会法》和《高等职业教育法》,这四部法案为高等教育全面而彻底的改革提供了根本的法律保障。二是对高等教育进行结构性改革,使波兰高等教育由"单一模式转向了多维模式,形成了办学形式的多层次、教育供给的多类型、资金筹措方式多渠道的格局。在学习层次上增加了本科学历教育,形成了专科、本科、硕士研究生、博士研究生的递进式教育结构"①。三是赋予大学高度自治权,新的《高等教育法》赋予了大学独立法人资格,大学享有了学术自由权、人员聘任权、经费和财产支配权、自主招生权、自主决策学术机构设置与调整以及学术事宜权等权利。四是加入欧洲高等教育一体化进程,极大地推进了波兰的教育国际化进程。五是建立健全高等教育质量认证机构。

1998,波兰教育部着手筹办全国性的质量认证委员会。现在,波兰高等教育质量保障体系主要有以下四个方面组成。一是国家质量认证委员会(The State Accreditation Committee,简称 SAC)。SAC 成立于 2002 年 1 月,其使命与主要职责为:负责全国(除高等职业教育认证委员会管辖范围内)高等教育机构的设置、授权及质量评估。SAC 成员由波兰教育部长亲自任命,候选人由学术机构或雇主单位推荐人选中产生,但都有一定的推荐标准,如高等教育机构产生的候选人一般应该是获得博士学位的专职专业教师,且是本领域公认的学科专家。雇主单位代表是作为高校毕业生接收者的身份对高校人才培养的水平、教学内容及教育形式进行质量评估,从而引导高校的人才培养更加关注社会需要。SAC 委员会根据高等学校学科专业的划分而分为 10 个组,每组至少有 5 位专任专家组成。因此,SAC 委员会一般有 50—70 名专任专家和 400 余名兼职专家组成。二是高等职业教育认证委员会。波兰的高等职业教育认证委员会成立于 1998 年,主要职责是全面负责对高等职业教育的质量评估,如对新设置的职业院校进行准入性评估;对公立、私立高等职业院校进行评估;对新建职业院校进行评估。三是公立高校自发的质量认证系统。这些认证系统主要是由波兰大学校长发起的旨在促进交流与保障学术质量的平台,如 1997 年

---

① 杨昌锐:《政治转型后波兰高等教育改革述评》,《外国教育研究》2009 年第 2 期。

建立的医学院质量认证委员会,1998 年建立的大学质量认证委员会和教育学质量认证委员会,1999 年建立的体育学质量认证委员会,2001 年建立的工学、农学、经济学质量认证委员会等。四是与国际接轨的质量认证系统。如 1994 年由"管理联合会教育论坛"创立了与欧洲标准接轨或与国际标准接轨的质量认证系统,1999 年就促使波兰加入了博洛尼亚进程,鼓励公立与私立高等教育机构积极参与国际认证,为推进波兰高等教育国际化作出积极贡献。

0.2 关于 EQUIS

0.2.1 EFMD 与 EQUIS

EFMD 是 European Foundation for Management Development 的缩写,一般译为"欧洲管理发展基金会"。EFMD 是一个全球性会员组织,总部设在比利时布鲁塞尔,在瑞士日内瓦、中国香港、美国迈阿密均设有办公室,目前有来自 82 个国家和地区超过 800 家会员单位和 25 000 个管理发展专业人士,分别来自学术性、商业性、公共服务和咨询性机构。EFMD 在管理发展领域发挥着独特的作用,塑造着管理学者教育的目标,通过信息、研究、网络与讨论等方式在管理学教育的创新与优良实践方面建立了一个独特的平台。EFMD 还是一个在管理学教育方面拥有享誉全球质量认证的机构,为商科院校及专业、联合高校及远程教育项目(technology-enhanced learning programmes)提供认证服务。EFMD 的使命主要有:为领先的商科院校和公司建设联系;在管理发展与管理教育方面围绕优良实践和引领趋势创新和传播知识;提供标准工具和认证服务;通过大型会议和小型研讨会把专业人士聚集在一起,交换最近理念,沟通分享信息;通过观念与宣传影响全球范围内的政府与非政府组织。

目前,EFMD 在质量认证方面主要有以下三个认证标准系统:一是 EQUIS,全称为 The EFMD Quality Improvement System,在质量评估、改进和高等商科院校认证等方面为全球的领先标准。二是 EPAS,全称为 The EFMD Programme Accreditation Scheme,是一个国际化项目认证系统,目的是评估想拥有国际声誉的所有商科或管理学位项目。三是 CLIP,全称为 Corporate Learning Improvement Process,该认证目标是通过促进公司的学习能力和发展能力,从而吸引和留住最好的经理人、培养未来的领导者、增强公司的执行力与竞争力。CLIP 认证流程有 7 个步骤:一是咨询后提出申请,二是 1—2 人到公司进行为期 1 天的简单考察,三是委员会通过审查申请书确定可行性,四是自我评估(考察安排),五是 4 个同行专家进行的为期 3 天的同行评估,六是获得认证资格,七是保持性认证(follow-up as required)。

此外,EFMD 还有 EDAF 和 BSIS。EDAF 的全称是 EFMD Deans Across Frontiers,一般译为"前沿商学院院长",是不久前刚刚研发出来的。EDAF 包括两大部分共 10 个方面的标准,即第一部分是"处于社会环境中的商学院的活动",包括环境、管理与资源、外部联系、项目、学生、教师、科学研究等七个标准;第二部分是"战略发展与高级管理团队",包括战略发展、高级管理团队、总结与建议(机构定位描述、未来发展关键、建议与持续改进性问题)三个标准。EDAF 严格讲不是一个认证系统,但却是一个控制与发展系统。目前,共有 5 所高校通过 EDA 评估阶段,即沙特阿拉伯商业技术大学商业管理学院(Colleges of Business Administration, University of Business and Technology, Saudi Arabia)、北京交通大学经济管理学院(School of Economics and Management, Beijing Jiaotong University, China)、哥伦比亚高级管理大学 [Colegio de Estudios Superiores de Administración (CESA)，Colombia]、马德加斯加管理与传播学院 [Institut Supérieur de la Communication，des Affaires et du Management (ISCAM)，Madagascar]、南非威瓦特斯瑞特大学商学院 (Wits Business School，University of the Witwatersrand，South Africa)。BSIS 的全称是 The Business School Impact Survey，即"商学院影响力评价"，主要通过三个报告的形式评估商学院在当地的影响力。第一个报告是基于数据的报告，商学院填写表格要求的相关数据，并据此形成相关分析报告；第二个报告是基于定量的对当地影响力的分析报告，商学院会被要求填写 Excel Sheet；第三个报告是基于商学院对所在地想象力与吸引力的分析报告。可以看出，BSIS 思想是值得推广的，对于引导高校关注社会、回应社会关切有重要的借鉴意义。

0.2.2　EQUIS 结构

《欧洲质量改进系统——EQUIS 标准及条例》(EUROPEAN QUALITY IMPROVEMENTSYSTEM—EQUIS STANDARDS & CRITERIA) 最新版 (2015 版) 的引言部分，首先阐述了一个重要的标准理念，EQUIS 对不同文化背景国家和地区均具有很强的适应性，是一个国际认证系统而非仅仅是一个国家的传统。在中国文化背景下，很多人都对国际认证标准有一个疑问，就是各国历史文化传统不一样，院校发展目标不尽相同，拿一个统一的标准去丈量所有的高等学校，那不是把各类千姿百态的高等院校的同质化吗？这也是中国高校面临或正在发生的现实，所以这样的疑问与担忧是不无道理的。其实，EQUIS 与其他所有的国际一流认证标准一样，都是首先基于"定位目标"建立起来的，各个高等学校确立的定位目标不一样，所建立的组织架构也不一样。所需要的教育资源就不一样，结果是达成的教育

效果也不一样。因此,从"定位目标"或称"使命"或称"战略"开始,EQUIS
就开启了尊重多元发展之门,其认证标准也就由此逻辑展开。因此可以看
出,EQUIS 的诞生理念就是首先必须是国际化的,其诞生的所在地——欧
洲地区又为这一理念奠定了扎实的实践基础。EQUIS 尊重多元化与多样
化,鼓励高等院校多样化发展,并为此提供相关认证标准与认证程序。

　　EQUIS 包括 10 个方面的标准,见表 0.1。

表 0.1　EQUIS 的 10 个标准

中文名称/英文名称	主要内容/关键指标
环境、管理与战略/Context Governance & Strategy	环境、机构地位、管理、使命愿景与价值观、战略定位、战略方向与目标、战略计划、质量保障、国际化、企业联系
专业(项目)/Programmes	专业概况、专业设计、专业内容、技能获得、专业贡献、学生评价、专业评估、国际化、企业联系、社会服务
学生/Students	目标与选拔标准、课程准备与发展、支持与咨询服务、个人及职业发展、道德与价值观、职业定位与支持、校友关系、国际化、企业联系
教师/Faculty	教师总量、资格与基本情况、教师管理、教师发展、国际化、企业联系
研究与发展/Research and Development	研究活动、发展与创新、研发的国际特征、研发与企业的联系
高级管理教育/Executive Education	学校内部的定位、专业构成、市场营销和销售、参与者管理、专业质量和影响、教师、研究和发展、国际化
社会贡献/Contribution to the Community	社区服务、学生课外活动、针对管理教育专业服务、共同责任
资源与管理/Resources and Administration	物资设备与学习环境、财政资金、财务管理系统、信息及文件设备、计算机设备、营销与公共关系、行政服务及人员
国际化/Internationalisation	学生国际化、教师国际化、国际项目
企业联系/Corporate Connections	学校与企业联系的战略与政策、执行情况、与合作伙伴的关键关系

EQUIS 认证标准是一个丰富的、充满哲学思想的逻辑体系。在这一体系中,EQUIS 抓住了国际一流商学院的本质属性,在社会环境—学校定位—发展战略—教学支持—社会贡献等方面建立了一个闭环引导体系,特别强调了国际化与企业联系在商科院校发展中的特殊地位。

0.3 EQUIS 在全球及欧洲的影响力

EQUIS 在质量评估、改进和高等商科院校认证等方面是全球的领先标准,越来越多的高校重视并积极申请加入该认证标准系统。由于 EQUIS 认证针对的是管理和商业领域,众多综合性高校参与该体系认证,往往是以高校名义申报,高校下属的商学院、经济/管理学院作为实际受评单位并最终进入 EQUIS 认证名单,比如我国北京大学、清华大学、上海交通大学、复旦大学等知名综合性高校列入 EQUIS 认证名单的分别是北京大学光华管理学院、清华大学经济管理学院、上海交通大学安泰经济管理学院、复旦大学管理学院。

截至 2015 年 8 月,全球共有 39 个国家和地区的 156 所商学院通过了 EQUIS 国际认证,具体情况分析如下。

0.3.1 EQUIS 在欧洲以外的全球影响力

EQUIS 在亚洲、美洲、大洋洲、非洲共有 20 个国家和地区的 71 所高校通过了 EQUIS 国际认证,这在数量上确实难以与 AACSB 在美国以外获得的认证国家与高校数相比,但其也是全球最有影响力的商科院校认证标准之一。

1. 亚洲共计 6 个国家 30 所高校通过 EQUIS 认证

中国高校为 19 所,多集中在北京(5 所)、上海(4 所)、香港(4 所)、广州(2 所),此外还有福建 1 所、四川 1 所、浙江 1 所、台湾 1 所。其中内地通过认证的 14 所高校中,有 13 所为 985 和 211 高校。通过认证高校商学院名称与认证周期具体为:上海交通大学安泰经济管理学院(5 年),北京理工大学管理与经济学院(3 年),中欧国际商学院(5 年),香港城市大学商学院(5 年),复旦大学管理学院(5 年),北京大学光华管理学院(5 年),香港浸会大学商学院(3 年),中山大学岭南学院(3 年),中国人民大学商学院(5 年),西南财经大学工商管理学院(3 年),中山大学中山商学院(3 年),香港理工大学商学院(3 年),香港大学经济管理学院(5 年),同济大学经济管理学院(3 年),清华大学经济管理学院(3 年),对外经济贸易大学商学院(3 年),厦门大学管理学院(3 年),浙江大学管理学院(5 年),台湾政治大学商学院(3 年)。

印度高校有 2 所:印度班可乐管理学院(Indian Institute of Management Bangalore)(3 年),印度阿罕默德管理学院(Indian Institute of Management, Ahmedabad)(5 年)。

日本高校有 1 所:庆应义塾大学商学院(Keio Business School, Keio University)(3 年)。

韩国高校有 3 所:韩国高等科技学院商学学院(KAIST College of Business)(3 年),韩国高丽大学商学院(Korea University Business School)(5 年),韩国延世大学商学院(Yonsei University School of Business)(5 年)。

新加坡高校有 3 所:南洋理工大学南洋商学院(Nanyang Business School, Nanyang Technological University)(5 年),新加坡国立大学商学院(NUS Business School, National University of Singapore)(5 年),新加坡管理

大学李光前商学院(Lee Kong Chian School of Business，Singapore Management University)(5 年)。

泰国高校有 2 所:朱拉隆功大学商学院(Sasin Graduate Institute of Business Administration of Chulalongkorn University)(3 年),泰国国立法政大学商学院(Thammasat University，Thammasat Business School)(3 年)。

2. 美洲共计 10 个国家 26 所高校通过 EQUIS 认证

阿根廷高校有 1 所:奥斯特瑞尔大学 IAE 商学院(IAE Business School，Universidad Austral)(5 年)。

巴西高校有 4 所:巴西里约联邦大学商学院(Coppead Graduate School of Business，Federal University of Rio de Janeiro)(3 年),巴西圣保罗商业管理学院(EAESP-Escola de Administração de Empresas de São Paulo，FGV-Fundação Getulio Vargas)(5 年),巴西公共和商业管理学院(EBAPE-Escola Brasileira de Administração Pública e de Empresas，FGV-Fundação Getulio Vargas)(3 年),巴西 FDC 商学院(Fundação Dom Cabral)(3 年)。

加拿大高校有 10 所:蒙特利尔高等商学院(HEC Montréal)(5 年),麦吉尔大学德桑特尔斯商学院(Desautels Faculty of Management，McGill University)(5 年),加拿大皇后大学商学院(Queen's School of Business，Queen's University)(5 年),加拿大西安大略大学商学院(Ivey Business School，Western University)(5 年),约克大学舒立克商学院(York University，Schulich School of Business)(5 年),西蒙弗雷泽大学商学院(Beedie School of Business，Simon Fraser University)(5 年),拉瓦尔大学管理科学学院(Faculté des Sciences de l'Administration，Université Laval)(5 年),英属哥伦比亚大学商学院(Sauder School of Business，University of British Columbia)(5 年),渥太华大学泰尔弗管理学院(Telfer School of Management，University of Ottawa)(3 年),维多利亚大学古斯塔弗森商学

院(Peter B. Gustavson School of Business, University of Victoria)(5 年)。

智利高校有 2 所:波第菲卡大学管理学院(Escuela de Administración, Pontificia Universidad Católica de Chile)(3 年),阿道夫大学商学院(School of Business, Universidad Adolfo Ibañez)(3 年)。

哥伦比亚高校有 1 所:洛斯安第斯大学管理学院(School of Management, Universidad de los Andes)(3 年)。

哥斯达黎加高校有 1 所:INCAE 商学院(INCAE Business School)(3 年)。

墨西哥高校有 2 所:蒙特雷科技大学 EGADE 商学院(Business School, Tecnológico de Monterrey)(3 年),墨西哥自动化技术学院商学院(ITAM Business School, ITAM-Instituto Tecnológico Autónomo de México)(3 年)。

秘鲁高校有 1 所:秘鲁天主教神学大学商学院(CENTRUM Católica Graduate Business School, Pontificia Universidad Católica del Perú)(3 年)。

美国高校有 3 所:美国巴布森学院(Babson College)(5 年),本特利大学(Bentley University)(5 年),美国普渡大学管理学院(Krannert School of Management, Purdue University)(3 年)。

委内瑞拉高校有 1 所:委内瑞拉中央大学(IESA-Instituto de Estudios Superiores de Administración)(3 年)。

3. 大洋洲共计 2 个国家 12 所高校通过 EQUIS 认证

澳大利亚高校有 8 所:墨尔本商学院(Melbourne Business School)(5 年),莫纳什大学莫纳什商学院(Monash Business Schoool, Monash University)(5 年),昆士兰科技大学商学院(QUT Business School, QUT-Queensland University of Technology)(5 年),西澳大学商学院(Business School, The University of Western Australia)(5 年),新南威尔士大学商学院(Australian School of Business, University of New South Wales)(5 年),昆

士兰大学商学院(UQ Business School, University of Queensland)(5 年),南澳大学商学院(UniSA Business School, University of South Australia)(3 年),悉尼大学商学院(University of Sydney Business School)(3 年)。

新西兰高校有 4 所:奥克兰大学商学院(Business School, The University of Auckland)(5 年),奥塔哥大学商学院(Otago Business School, University of Otago)(3 年),惠灵顿维多利亚大学维多利亚商学院(Victoria Business School, Victoria University of Wellington)(3 年),怀卡托大学经济与管理学院(Waikato Management School, The University of Waikato)(5 年)。

4. 非洲共计 2 个国家 3 所高校通过 EQUIS 认证

埃及高校有 1 所:开罗美国大学商学院(School of Business, The American University in Cairo)(3 年)。

南非高校有 2 所:开普敦大学商学研究生院(Graduate School of Business, University of Cape Town)(3 年),斯坦陵布什大学商学院(University of Stellenbosch Business School)(5 年)。

0.3.2 EQUIS 在欧洲的影响力

据统计,欧洲共有 19 个国家 85 所高校通过了 EQUIS 国际认证,是通过 EQUIS 认证的主要大洲。其中欧盟 16 个国家通过 EQUIS 认证的高等院校占 81 所,非欧盟成员国 3 个国家仅有 4 所高校通过 EQUIS 认证。具体情况如下:

奥地利高校有 1 所:奥地利维也纳经济管理大学(WU Vienna University of Economics and Business, Wirtschaftsuniversität Wien)(5 年)。

比利时高校有 4 所:鲁汶大学管理与经济学院(Faculty of Economics

and Business, KU Leuven)（3 年），布鲁塞尔自由大学商学院（Solvay
Brussels School of Economics and Management，ULB—Université Libre de
Bruxelles)（3 年），法语天主教鲁汶大学管理学院（Louvain School of Man-
agement，UCL—Université Catholique de Louvain)（3 年），根特大学商学院
（Vlerick Business School)（5 年）。

丹麦高校有 2 所：奥尔胡斯大学商业和社会科学学院的企业管理系、
商业通信系、经济学与工商学系（Department of Business Administration，
Department of Business Communication，and Department of Economics &
Business，Aarhus University，School of Business and Social Sciences)（3 年），
哥本哈根商学院（Copenhagen Business School)（5 年）。

芬兰高校有 2 所：阿尔托大学商学院（Aalto University School of Busi-
ness，Aalto-yliopiston kauppakorkeakoulu)（5 年)、汉肯经济学院（Hanken
School of Economics)（3 年）。

法国高校有 17 所：法国埃克斯马赛大学研究生管理学院（Aix-
Marseille Graduate School of Management—IAE)（3 年），法国南特商学院
（Audencia Nantes，Ecole de Management)（3 年），法国北方高等商学院
（EDHEC Business School)（5 年），法国里昂商学院（EMLYON Business
School)（5 年），法国雷恩高等商学院（ESC Rennes School of Business)（3
年），巴黎欧洲管理学院（ESCP Europe)（5 年），巴黎高等经济商业学院
（ESSEC Business School)（5 年），格勒诺布尔管理学院（Grenoble Ecole de
Management)（5 年），巴黎高等商学院（HEC Paris)（5 年），法国南锡商学院
（CN Business School)（3 年），IESEG 管理学院（IESEG School of
Management Lille-Paris)（3 年），法国欧洲工商管理学院（新加坡和阿布扎
比)（INSEAD France，Singapore and Abu Dhabi)（5 年），法国马赛波尔多商
学院（KEDGE Business School)（3 年)、诺欧商学院（NEOMA Business

School)(3 年),法国商科联盟国际商学院(SKEMA Business School)(5 年),图卢兹商学院(Toulouse Business School)(5 年),巴黎第九大学(Université Paris-Dauphine)(3 年)。

德国高校有 5 所:德国 EBS 商学院(EBS Business School, EBS Universität für Wirtschaft und Recht)(3 年),法兰克福金融管理学院(Frankfurt School of Finance & Management)(3 年),科隆大学管理学、经济与社会科学学院(Faculty of Management, Economics & Social Sciences, University of Cologne)(3 年),曼海姆大学商学院(University of Mannheim Business School)(5 年),奥托贝森管理研究院(WHU-Otto Beisheim School of Management)(5 年)。

爱尔兰高校有 1 所:都柏林大学迈克尔·斯莫菲特商学院(Smurfit School of Business and Quinn School of Business, University College Dublin)(5 年)。

意大利高校有 2 所:米兰理工大学管理学院(Politecnico di Milano School of Management)(3 年),意大利伯克尼管理学院(SDA Bocconi School of Management)(5 年)。

荷兰高校有 5 所:阿姆斯特丹大学商学院(Amsterdam Business School, Universiteit van Amsterdam)(3 年),马斯特里赫特大学商学院(School of Business and Economics, Maastricht University)(5 年),奈尔洛德商业大学(Nyenrode Business Universiteit)(3 年),伊拉斯姆斯大学鹿特丹管理学院(Rotterdam School of Management, Erasmus University)(5 年),格罗宁根大学经济及工商管理学院(University of Groningen, Faculty of Economics and Business)(3 年)。

波兰高校有 1 所:科兹明斯基大学(Kozminski University)(5 年)。

葡萄牙高校有 2 所:里斯本葡萄牙天主教大学经济与管理学院

(Catolica Lisbon School of Business and Economics，Universidade Catolica Portuguesa)(5 年)，里斯本诺瓦商学院(Nova School of Business and Economics，Universidade Nova de Lisboa)(5 年)。

斯洛文尼亚高校有 1 所:卢布尔雅那大学经济学院(Faculty of Economics，University of Ljubljana)(3 年)。

西班牙高校有 4 所:巴塞罗那亿达商学院(EADA Business School Barcelona)(3 年)，西班牙 ESADE 商学院(ESADE Business School)(5 年)，西班牙企业学院(IE Business School)(5 年)，纳瓦拉大学商学院(IESE Business School，University of Navarra)(5 年)。

瑞士高校有 4 所:洛桑大学工商与经济学院(HEC Lausanne，Université de Lausanne)(3 年)，瑞士洛桑国际管理学院(IMD)(5 年)，圣加仑大学(University of St. Gallen)(5 年)，苏黎世大学商业与经济信息学院(Faculty of Business，Economics and Informatics，University of Zurich)(3 年)。

瑞典高校有 4 所:延雪平国际商学院(Jönköping International Business School)(3 年)，隆德大学管理与经济学院(LUSEM—Lund University School of Economics and Management)(5 年)，斯德哥尔摩经济学院(Stockholm School of Economics)(5 年)，瑞典哥德堡商业经济与法律学院(School of Business，Economics and Law，University of Gothenburg)(3 年)。

英国高校有 26 所:阿什里奇管理学院(Ashridge)(5 年)，阿斯顿商学院(Aston Business School，Aston University)(5 年)，曼彻斯特商学院(Bradford University School of Management)(3 年)，城市大学卡斯商学院(Cass Business School，City University)(5 年)，克兰菲尔德管理学院(Cranfield School of Management)(5 年)，杜伦大学商学院(Durham University Business School)(3 年)，雷丁大学亨瑞商学院(Henley Business School，University of Reading)(5 年),帝国理工学院商学院(Imperial College Business School, Imperial College London)(3 年),兰卡斯特大学管理学院(Lancaster University Management School)(5 年),伦敦商学院(London Business School)(5 年),拉夫堡大学经济及工商管理学院(Loughborough University School of Business and Economics)(3 年),曼彻斯特商学院(Manchester Business School)(5 年),纽卡斯尔大学商学院(Newcastle University Business School)(3 年),牛津大学商学院(Saïd Business School, University of Oxford)(5 年),开放大学商学院(The Open University Business School)(3 年),巴斯大学管理学院(School of Management, University of Bath)(3 年),伯明翰大学商学院(Birmingham Business School, University of Birmingham)(3 年),剑桥大学贾吉商学院(Cambridge Judge Business School, University of Cambridge)(5 年),爱丁堡大学商学院(University of Edinburgh Business School, University of Edinburgh)(3 年),艾克赛特大学商学院(University of Exeter Business School)(3 年),格拉斯哥大学商学院(Adam Smith Business School, University of Glasgow)(3 年),利兹大学商学院(Leeds University Business School, University of Leeds)(5 年),诺丁汉大学商学院(Nottingham University Business School, University of Nottingham)(3 年),谢菲尔德大学管理学院(Management School, University of Sheffield)(3 年),斯特拉思克莱德商学院(Strathclyde Business School, University of Strathclyde)(5 年),华威大学商学院(Warwick Business School, University of Warwick)(5 年)。

同时,非欧盟成员国有 3 个国家 4 所高校,其中挪威高校有 2 所:挪威商学院(BI Norwegian Business School)(5 年),挪威经济学院(NHH Norwegian School of Economics)(5 年);俄罗斯高校有 1 所:圣彼得堡国立大学管理研究生院(Graduate School of Management, St. Petersburg University)(3 年);土耳其高校有 1 所:科克大学商学院(School of Business, Koç University)(5 年)。

综上可以看出,在这些通过认证的高校中,其中不乏享誉全球的一流商学院,如牛津大学商学院、剑桥大学贾吉商学院、帝国理工学院商学院、华威大学商学院、爱丁堡大学商学院、洛桑大学工商与经济学院、法国南特商学院、法国北方高等商学院、法国里昂商学院、法国雷恩高等商学院、巴黎欧洲管理学院等。

但再看中东欧十六国中,通过 EQUIS 认证的院校仅有 2 所,即波兰的科兹明斯基大学(Kozminski University)和斯洛文尼亚的卢布尔雅那大学经济学院(Faculty of Economics, University of Ljubljana),仅占欧盟各国通过 EQUIS 认证高校的 2.5%。

0.3.3　趋势分析

作为管理学或商学全球三大知名认证标准之一,EQUIS 越来越受到许多致力于创建一流商科院校的青睐。近年来,关注与通过 EQUIS 认证的高校越来越多,增长趋势明显,覆盖国家面越来越广。

据研究,2010 年 9 月,全球参与并获得 EQUIS 认证的商学院仅有 121 所院校(分布在 37 个国家)。但到 2015 年 8 月,全球参与并获得 EQUIS 认证的商学院就达到 156 所院校,并且分布到了 39 个国家,新增国家 2 个,新增高校 35 所,平均每年增加 7 所通过认证高校。

欧洲地区得益于高等教育一体化建设的成绩以及多元文化的生态,已经越来越成为选择留学的最佳地之一,欧洲地区的商科院校也在这样的文化生态中自然受益。相信国家“一带一路”战略的实施,以及欧洲特别是中东欧十六国转型发展的需要,也会越来越重视国际认证在扩大高质量服务贸易中的重要作用,也会有更多的商科院校更加关注国际认证这一资源的获取与利用。

第1章

阿尔巴尼亚高等教育

1.1　阿尔巴尼亚国家概况①

　　阿尔巴尼亚共和国位于东南欧巴尔干半岛西岸,面积 2.87 万平方千米,人口 363 万(2014 年),其中阿尔巴尼亚族占 98%,70% 的居民信奉伊斯兰教,20% 信奉东正教,10% 信奉天主教,官方语言为阿尔巴尼亚语,首都地拉那(Tirana)。境内山地、丘陵占总面积的 77%,平原为 23%,属亚热带地中海式气候,降雨量充沛,水利资源较为丰富。阿尔巴尼亚在两次世界大战期间均曾被外军占领,几经战乱;1998 年 11 月经全民公决通过新宪法,成为议会制共和国;2009 年 4 月正式加入北约;2014 年 6 月成为欧盟候选国。近年来,阿尔巴尼亚经济平稳增长、政局总体稳定。2013 年国内生产总值

---

① 部分资料整理自中华人民共和国外交部:阿尔巴尼亚国家概况[DB/OL],2014 年 8 月,http://www.fmprc.gov.cn/web/gjhdq_676201/gj_676203/oz_678770/。

133 亿美元,人均国内生产总值 4 716 美元,2012 年通货膨胀率 2.4％,失业率 13.3％,经济总量居中东欧十六国倒数第三位,经济上属于发展中国家。根据联合国开发计划署(UNDP)发布的《2014 年人类发展报告》,阿尔巴尼亚的人类发展指数(HDI)0.733[①],排名第 85 位,其中教育指数 0.637[②]。

1.2　高等教育

1. 阿尔巴尼亚教育事业艰难发展

由于奥斯曼帝国长期的黑暗统治,阿尔巴尼亚在历史上曾是欧洲最落后的国家之一,也曾是欧洲唯一没有大学的国家。[③]1887 年 3 月 7 日,科尔察创办了第一所阿语学校(为纪念这个光辉的日子,解放后把 3 月 7 日定为教师节),1892 年又在科尔察创办了第一所女子小学。尽管当时师资缺乏,许多爱国志士将用阿语授课和写作作为自己的崇高责任和义不容辞的义务,从而促进了阿尔巴尼亚教育和民族文化事业的发展。

索古政权反动统治的黑暗年代(1924—1939)和纳粹法西斯占领期间(1939—1944)是阿尔巴尼亚教育发展极其困难的时期。沉重的税收制度使得有限的少数学校只能向有钱人的子弟敞开大门,数百名教师被迫离开讲台。1938—1939 学年阿全国只有小学 60 所,仅四分之一的适龄儿童入学。全月制中学只有 8 所。[④]

1944 年解放前,阿尔巴尼亚全国人口的 87％是文盲,全国没有高等教

---

① 　一般认为指数大于 0.8,属于极高人类发展水平组。
② 　一般认为指数大于 0.8,属于极高教育发展水平组。
③④ 　张林辉:《阿尔巴尼亚的教育事业》,《国际论坛》1989 年 6 月 20 日。

育,只有极为有限的中小学教育,学校包括基督教学校、法国中学、美国和意大利技术学校,主要集中在一些城市,完全是为各个帝国主义掠夺者的利益及侵略政策服务的。解放后第二年,即 1946 年 8 月,关于改革国民教育的法令出台,规定学校由国家统一管理和领导;确立由四年制小学、七年制学校、四年制中学组成统一的学校制度,实施初等的义务教育。[①]1945—1955 年在阿全国开展了扫盲运动。到 1966 年全国已消灭了 40 岁以下的文盲。1952 年阿尔巴尼亚普及七年制义务教育,百分之百的适龄儿童入学。1957 年地拉那大学成立。随后在阿其他城市陆续开办了高等学校。[②]1963 年人民议会通过了以"思想与行动统一,学习与工作统一,理论与实践统一"为基础的学制改革法,并规定以八年制义务教育代替七年制学校。[③]根据中国外交部 2014 年 8 月的资料,目前阿尔巴尼亚实行九年制义务教育。全国共有公立高校 12 所,私立高校 28 所。地拉那大学是阿尔巴尼亚排名第一的综合性大学。目前,阿尔巴尼亚的注册小学生 378 120 名,教师 25 584 名;注册中学生 109 769 名,教师 6 716 名;注册大学生 125 288 名,教师 4 639 名。[④]

2. 阿尔巴尼亚高等教育体制

阿尔巴尼亚高等教育分为脱产和不脱产两种。学制为三至五年(不脱产的学制多一年)。1946 年在地拉那创建了阿尔巴尼亚第一所高校:二年制师范学院,后改名为阿列克塞·朱瓦尼师范学院。当时仅有 200 名学生,4 个教研室,3 个实验室和 12 名在编教师。从 1947 年到 1952 年相继建立起科研所、四年制师范学院、农学院、经济学院、医学院、法律学院等。所有大学生免费住宿,家庭困难的学生享受国家助学金。大学生青年团组

---

①③ 《阿尔巴尼亚的学校教育制度》,《外国教育动态》1973 年 1 月 31 日。
② 张林辉:《阿尔巴尼亚的教育事业》,《国际论坛》1989 年 6 月 20 日。
④ http://www.fmprc.gov.cn/mfa_chn/gjhdq_603914/gj_603916/oz_606480/1206_606482/.

织在高校各级领导机构中,在教研室、系科研委员会和院校科研机构中,都有自己的代表。学生们积极参加学校的管理和规章制度的制定。1982 年后高校实施新的教学大纲。大纲规定学习技术、自然、医农学科的学生每周不得超过 34 学时,学习文化、社会学科的学生不得超过 30 学时,其目的是给学生们以更多的自学时间。①

　　阿尔巴尼亚高校每年的考试分为冬季(第一学期末)和夏季(第二学期期末)两次进行。每年年终或学期考试不得超过 9 门(或 6 门年终考试)。学校应给学生 6 周的时间进行考试复习,对不进行考试的课程进行考查。高校每学年有 3 周时间进行体育和军训:第一学期用一周在教室学习军事、体育理论,第二学期用两周分班组训练。高校教育要联系社会实践,其目的是:第一,在教学中更好地培养学生的创造性;第二,促进竞争,鼓励学生发挥才智和科学的想象力;第三,为学生毕业后进一步提高科学知识水平创造更好的条件;第四,高校科研纳入国家计划,其成果可直接为国民经济服务。同时,阿尔巴尼亚的高校还经常举办科学研讨会和信息报告会,这样可以促使学生们从学生时期就开始参加科研工作,熟悉科研程序,而且在科研工作中学生们和一些国外的教学科研单位建立了联系,为毕业后参加工作打下了良好基础。②

　　阿尔巴尼亚的研究生教育于 20 世纪 80 年代起步。1983 年前,阿尔巴尼亚的研究生培养都是送到国外或在大的企业和专门的机构进行,采用脱产和不脱产的培训班方式,其教学大纲由高校和有关中央机构及部委制定,通过这种形式培养了大批医学、地质、冶金、艺术、文化等方面的人才。1983 年 1 月 29 日法令规定,研究生由高等学校培养。研究生学制为一至三年,主要由地拉那大学、农学院、艺术学院和沃伊·库什体育学院等高校负责培养。③

---

①②③　张林辉:《阿尔巴尼亚的教育事业》,《国际论坛》1989 年 6 月 20 日。

表1.1　阿尔巴尼亚主要高等院校一览表

序号	学校名称(阿文名称)	性质
1	地拉那大学①(Universiteti i Tiranës)	公立
2	地拉那理工大学②(Universiteti Politeknik i Tiranës)	公立
3	地拉那农业大学(Universiteti Bujqesor i Tiranes)	公立
4	斯坎德培军事大学③(Shkolla e Oficereve)	公立
5	凡·诺利大学(Universiteti i Korçës)	公立
6	卢伊季·古拉库奇大学(Universiteti Luigj Gurakuqi,原斯库台师范大学)	公立
7	埃奇雷姆·恰贝伊大学(Universiteti Eqerem Çabej)	公立
8	发罗拉大学(Universiteti i Vlores)	公立
9	阿莱克桑德尔·朱万尼大学(Universiteti Aleksandër Xhuvani)	公立
10	地拉那美国大学(Universiteti Amerikan i Tiranës)	私立
11	地拉那都会大学(Universiteti Metropolitan i Tiranës)	私立
12	马林·巴尔莱蒂大学(Universiteti Marin Barleti)	私立
13	卢阿拉西大学(Universiteti Luarasi)	私立
14	克里斯塔尔大学(Universiteti Kristal)	私立

1.3　概要总结

阿尔巴尼亚的教育水平整体处于落后状态,国家对教育的重视程度也

---

① 地拉那大学是阿尔巴尼亚全国规模最大的大学,也是全国实力最强的大学。1957 年,地拉那大学创建,当时称作国立地拉那大学(Universiteti Shtetëror i Tiranës)。1985—1992 年间,该大学曾经更名为恩维尔·霍查地拉那大学,以 1985 年去世的阿尔巴尼亚领导人恩维尔·霍查命名。
② 首都地拉那的一所公立大学,以理工科为主要特色。地拉那理工大学成立于 1951 年,是阿尔巴尼亚最早的大学。该校现有学生数仅次于地拉那大学。
③ 原名为"斯坎德培军事学院"(Skanderbeg Military Academy),专为阿尔巴尼亚训练海陆空各军种的军官。该校成立于 1945 年,并于 20 世纪 90 年代初关闭,直到 1995 年在德国汉诺威军事学院的帮助下重新开办。

有限。有研究者指出,"年人均收入排名 51—100 名的国家中,有接近 50%
的国家国土面积不足 10 万平方千米。这些国家分为三类……第三类国
家:资源丰富的国家。这些国家又分为三类,一类国家仅仅简单出售自然
资源,对于高等教育并不重视,比如马尔代夫、阿尔巴尼亚、马其顿、多米尼
加、伯利兹、赤道几内亚等"[①]。目前收集到的数据显示,阿尔巴尼亚高校中
并没有独立的管理及商科教育学科学院,该国也没有院校或学科专业通过
EQUIS 国际认证。

　　需要补充说明的是,现有关于阿尔巴尼亚国家高等教育的研究文献大
多都是 20 世纪八九十年代的,网络资源中关于该国高等教育的资料也是
少之又少,中国教育部涉外教育监管信息网中也没有阿尔巴尼亚高等教育
的相关信息。同时,囿于研究者语言方面的限制,目前的相关研究数据仍
然十分缺乏,阿尔巴尼亚的高等教育体制等信息有待进一步查证。

---

① 张苏:《高等教育是促进经济发展的关键》,《光明日报》2013 年 10 月 9 日。

第 2 章
波黑高等教育

2.1 波斯尼亚和黑塞哥维那国家概况[①]

波斯尼亚和黑塞哥维那简称波黑,位于巴尔干半岛中西部,面积 5.12 万平方千米,人口 384 万(2011 年),其中波黑联邦占 62.5%,塞尔维亚族共和国占 37.5%,波什尼亚克族(即原南时期的穆斯林族)约占 43.5%,塞尔维亚族约占 31.2%,克罗地亚族约占 17.4%,三族分别信奉伊斯兰教、东正教和天主教,官方语言为波什尼亚语、塞尔维亚语和克罗地亚语,首都萨拉热窝(Sarajevo)。波黑大部分地区位于迪纳拉高原和萨瓦河流域,南部属地中海式气候,北部属大陆性气候,森林覆盖率达 46.6%,矿产资源和水资源丰富,图兹拉地区食用盐储量为欧洲之最。波黑在很长一段时期受到

[①] 部分资料整理自中华人民共和国外交部:波斯尼亚和黑塞哥维那国家概况[DB/OL],2014 年 3 月,http://www.fmprc.gov.cn/web/gjhdq_676201/gj_676203/oz_678770/。

战乱困扰,萨拉热窝是第一次世界大战爆发地,1992 年至 1995 年,曾因民族关系紧张等原因爆发三年多的波黑战争。自 1995 年代顿协议签署以来,波黑民族关系渐趋缓和,政局逐步稳定;近年来,在国际社会援助下,波黑经济恢复取得一定进展。2011 年国内生产总值 255.66 亿可兑换马克(约合 170 亿美元),人均国内生产总值 6 684 可兑换马克(约合 4 426 美元),通货膨胀率 1.8%,失业率 28%,经济总量居中东欧十六国倒数第四位,经济上属于发展中国家。根据联合国开发计划署(UNDP)发布的《2014 年人类发展报告》,波黑的人类发展指数(HDI)0.733,排名第 85 位(与阿尔巴尼亚并列),其中教育指数 0.655。

2.2　高等教育

　　波黑教育体制符合国际教育体制标准。初等教育实行九年制,高等教育为四年制,无论何种性质的高校都包含职业训练。波斯尼亚的高等教育体制主要包含 8 所高校,分布在主要城市内。[①]2011—2012 年度,波黑学校和在校师生情况:小学 1 888 所,学生 316 657 人,教师 24 605 人;中学 312 所,学生 163 284 人,教师 12 773 人。波黑全国有高校 202 所,学生 107 083 人。主要高校为萨拉热窝大学、东萨拉热窝大学、图兹拉大学、巴尼亚卢卡大学、莫斯塔儿大学、莫斯塔尔大学、比哈奇大学、泽尼察大学等。全国共有 163 家图书馆。[②]

①　http://globserver.cn/en/bosnia-and-herzegovina/education.
②　http://news.xinhuanet.com/ziliao/2002-06/18/content_445995.htm.

波黑有着悠久而丰富的教育传统。1531 年，GaziHusrev-beg 创办了一所 Sufi 哲学学院，这被看作是波黑历史上的第一个高等教育机构。随后，许多其他宗教学校开始竞相效仿。1887 年，在奥匈帝国统治期间，伊斯兰教的法学校开始了一个五年计划。20 世纪 40 年代萨拉热窝大学成为这座城市的第一个高等教育学院。1950 年，萨拉热窝大学开始有硕士研究生教育。然而，该校研究生教育在战争中严重受损，战后，才又与 40 多个大学建立合作关系并重新开设研究生教育。

波黑教育系统由初等教育、中等教育和高等教育三个层次组成。初等教育和中等教育是免费的，毕业于普通中学（Gimnazija）的学生可获得结业证书，且通过大学资格考试的毕业生可选择进入大学深造。而从技术学校毕业的学生也可以获得一个相应的文凭。波黑的高等教育体系主要由 8 所大学、约 90 个院系组成，大学学位由学校院系颁发，高等教育机构由相应的塞族共和国或波黑联邦当局组建并受相应法律约束，国家民政部负责协调两个实体所举办的高等教育活动。波黑共有 22 个私立高等教育机构，2007 年 7 月通过的《国家高等教育法》，规定私立大学和公立大学具有相同的法律地位。根据有关法律，波黑的大学教育按照学分转换原则（transferable points）进行组织，分为三个层次：本科课程通常持续 3 或 4 年，需 180 或 240 学分（ECTS），学生完成本科课程可获得文学学士或理学学士证书；研究生课程为两年制，需 120 学分（ECTS），学生毕业可获得文学硕士或理学硕士学位；博士学位课程通常为三年，毕业可获得文学博士或理学博士学位。在大学，也设置有一些专业领域的研究生专业课程，通常持续一到两年，完成课程的学员可以获得一定专业领域的专家头衔，如医学等。

表 2.1　波黑高等院校一览表

序号	院校名称（波文或英文名称）	性质
1	萨拉热窝大学①（Univerzitet u Sarajevu）	公立
2	东萨拉热窝大学（Univerzitet u Istočnom Sarajevu）	公立
3	莫斯塔尔大学（Sveučilišta u Mostaru）	公立
4	莫斯塔尔"贾尔·比耶迪奇"大学（Univerzitet "DžemalBijedić" u Mostaru）	公立
5	图兹拉大学（Univerzitet u Tuzli）	公立
6	巴尼亚卢卡大学（Univerzitet u BanjaLuci）	公立
7	比哈奇大学（Univerzitet u Bihaću）	公立
8	泽尼察大学（Univerzitet u Zenici）	公立
9	特拉夫尼克大学（Univerzitet u Travniku）	公立
10	斯罗波米 P 学（Slobomir P Univerzitet）	私立
11	黑塞哥维那大学（University of Herzegowina）	私立
12	萨拉热窝国际大学（International University of Sarajevo）	私立
13	萨拉热窝科技学院（Sarajevo School of Science and Technology）	私立
14	国际伯奇大学（International Burch University）	私立
15	美国大学（American University in Bosnia and Herzegovina）	私立
16	特拉夫尼克国际大学（International University of Travnik）	私立
17	"菲利普·诺尔贝克"国际大学（International University "Philip Noel Baker"）	私立
18	公共政府学院（Faculty of public government）	私立
19	Paneuropean 大学 ApeiroN（Paneuropean University ApeiroN）	私立
20	巴尼亚卢卡大学（Banja Luka College）	私立
21	巴尼亚卢卡通信 Kappa Phi 大学（Banja Luka College of Communications Kappa Phi）	私立

---

① 波黑首都萨拉热窝市的一所大学，是波黑规模最大，历史最悠久的大学。该校历史最早可上溯到 1531 年创建的萨拉热窝奥斯曼伊斯兰学校，作为现代大学的历史则始于 1949 年。

序号	院校名称（波文或英文名称）	性质
22	高等应用法律学院"Prometej"（High college for applied and law sciences "Prometej"）	私立
23	Prijedor 大学学院（University College of Prijedor）	私立
24	Sinergija 大学（University Sinergija）	私立
25	开放大学 ApeiroN（Open University ApeiroN）	私立
26	高等企业管理学院"博智"（High college for business management "PRIMUS"）	私立

2.3　概要总结

稳定的社会环境对于教育的稳步发展至关重要。波黑历史上常年战乱，社会动荡限制了其高等教育的发展。另一方面，作为战略要地且发展程度相对落后，历史上占领或统治现波黑所辖区域的国家或境外势力在一定程度上代表着当时的先进生产力，也理所当然地给该国带去了较先进的高等教育理念，使其高等教育从起步阶段就有"后发优势"，嫁接了较发达地区的先进模式和管理经验，波黑悠久而丰富的教育传统特别是萨拉热窝大学的发展史印证了这一点。当然，外部势力发展波黑高等教育主要是服务于自身统治，但也应当正视其对波黑高等教育发展的推动作用。

波黑已加入博洛尼亚进程，其教育体制符合国际教育体制标准且拥有悠久而丰富的教育传统，为高等教育国际化发展奠定了基础。2014 年 12 月，《中国孔子学院总部与波黑萨拉热窝大学关于合作设立萨拉热窝大学孔子学院的协议》签署，为波黑高等教育国际化提供了新的平台。萨拉热窝大学作为该国最大、历史最悠久的大学，自1949年开启现代大学历程以来，共培养了12万多名学士、近4 000名硕士以及近2 300名博士，与欧洲、美国、加拿大、中东地区的120多所大学拥有合作关系。从现有资料显示，波黑管理类院校或学科专业的国际知名度不高，没有机构通过EQUIS国际认证。

第 3 章

保加利亚高等教育

3.1　保加利亚国家概况[①]

保加利亚共和国位于欧洲巴尔干半岛东南部,面积 11.1 万平方千米,
人口 724.6 万(2013 年),其中保加利亚族占 84%、土耳其族占 9%,罗姆族
(吉卜赛)占 5%,其他(马其顿族、亚美尼亚族等)占 2%,主要信奉东正教,
少数人信奉伊斯兰教,官方语言为保加利亚语,首都索非亚(Sofia)。保加
利亚地形地貌复杂,境内 70% 是山地和丘陵,植物种类繁多,达 3 000 种以
上,森林覆盖率达 37%,以温带大陆性气候为主,自然资源比较贫乏,盛产
玫瑰及其制品。保加利亚在两次世界大战中均为战败国,1989 年政权更
迭,改行多党议会民主制;2004 年 3 月加入北约,2007 年 1 月加入欧盟。

[①]　部分资料整理自中华人民共和国外交部:保加利亚国家概况[DB/OL],2015 年 3 月,http://www.
fmprc.gov.cn/web/gjhdq_676201/gj_676203/oz_678770/。

保加利亚于1989年后开始向市场经济过渡,发展包括私有制在内的多种
所有制经济,优先发展农业、轻工业、旅游和服务业;至2004年底,大部分
国有资产已完成私有化;近年来经济、政治发展比较平稳。2013年国内生
产总值399.4亿欧元,人均国内生产总值5493欧元,经济总量居中东欧十
六国第七位。根据联合国开发计划署(UNDP)发布的《2014年人类发展报
告》,保加利亚的人类发展指数(HDI)0.782,排名第59位,其中教育指数
0.751。

3.2　高等教育

3.2.1　保加利亚教育概况

在20世纪70年代,保加利亚已是中等发达国家。1989年东欧巨变之
后,保加利亚迅速演变成为所谓政治民主化、经济市场化、文化多元化和教
育分权化的国家,整个社会,包括教育发生了深刻的变化。

随着政治、经济制度的转变,保加利亚注重教育的改革,教育改革的方
针和目标向着强调促进学生个人潜能以及培养学生的民主、自由、竞争和
公民意识发展。

初等教育旨在形成学生进　步接受教育和发展的初步知识和能力;教
学与学生的生活密切联系,帮助学生完成学业,提高他们对积极生活的向
往和强烈的求知欲,理解和解决他们面临的问题,使他们逐渐形成人道主
义和民主社会所需要的公民素质。

中等教育旨在:(1)公民的教育和教养水平,使其形成民族自豪感和一

般人类价值观,在民主社会中能够生存并进行交往;(2)发展学生的智力潜力、人格个性、独立性、与人交往的能力以及继续自学的能力;(3)培养学生高尚的道德、健康的体魄和积极的品格,使他们能够承担其公民的责任和义务;(4)对学生进行国家、文化和历史意识的教育,培养年轻一代的爱国精神、对人权和自由的尊重、对家庭和祖国的忠诚以及对全球性人类问题的敏感性;(5)经过普通和职业教育之后,保证每个学生的素质达到一定的水平,并能在市场经济的条件下进行继续教育、自学和充分地参与公共活动。[1]

全国普及 12 年制义务教育。2012—2013 学年有各类教学单位 5 067 所,在校生 1 294 682 人,教师 102 488 人。中小学校 2 112 所、中等专业技术学校及职业技术培训中心 832 所、高等学校为 53 所。高等院校在校生 283 959 人、教师 23 456 人。著名高等学府有索非亚大学、新保加利亚大学、大特尔诺沃大学等。

3.2.2　保加利亚高等教育体系

保加利亚目前有国立大学 36 所,私立大学 5 所,国立大专 45 所,私立大专 3 所。大学的系科专业 180 个。每万名居民拥有大学生 245 人。师生比例 1∶13。

36 所国立大学包括综合大学 7 所,理工类大学 10 所,医学类 6 所,经贸类 3 所,艺术院校 4 所,农业、林业、体育、民族大学各 1 所,军事院校 2 所。国立大学的经费主要来源于国家预算拨款。除国家预算拨款外,学校还有校办企业及与其他经济部门合作项目的收入,培训和科研合同收入,

---

[1]　李志厚:《保加利亚教育改革综述》,《比较教育研究》2000 年增刊。

发明权、股份、专利所得及赠送等收入。从 1999 年起,保加利亚高校学生试行缴费上学。学生缴费一般占学生培养费的 30%。

保加利亚的高等教育法规定,高等教育的目的是发展科学文化,培养能在人类活动中发展和使用科学知识的高水平专业人才。

保加利亚高等教育的办学体制是由政府通过法律,财政拨款和评估授权等行政手段进行宏观管理,并扩大高等院校的办学自主权。高等教育第一阶段 4—5 年(建筑学和医学 6 年),学生学习结束后,须通过国家考试,大多数专业的学生需要提交论文,并进行论文答辩,最后获得大学毕业文凭(高等教育的第一个文凭);高等教育第二阶段即研究生阶段的学习可分为两种形式,一种是不同学科的专门资格文凭培训;另一种是培养从事科学研究的专门人才,其学制 3 年,论文通过后,可被授予硕士学位;高等教育的第三阶段即博士阶段,研究生需要有独立的科学研究成果,提交一篇对有关学科有重要贡献的论文,并经过论文答辩后方可被授予理学博士学位。

政府的主要职能是确定高等教育的办学方向,制定相应的教育法规,确定高校的办学规模、收费标准,组织对高校的评估和授权注册,就各类高校的设立和关闭向国民议会提出建议,协调国家与高校的关系。政府管理高等教育的部门为保加利亚教育和科学部。

政府还专门设立国家评估和授权委员会。评估和授权委员会由在科学领域已取得高级职称的 23 名专家组成,其中包括 14 名高等学校代表,7 名保加利亚科学院和农业科学院代表,2 名教育部代表。评委任期 4 年。该委员会可根据各种评估和授权活动的需要成立专家小组。[①]评估和授权委员会对各高等院校的办学方向、培养目标、系和专业设置、教学科研状况、考试程序和标准、师资结构等各个环节进行评估,以决定是否授予办学

① http://www.liuxue86.com/a/758160.html.

权。授权的有效期为五年。未参加评估和授权程序的学校五年内国家不
向其提供任何形式的财政资助。评估不合格的高校,视其具体情况或部长
会议的建议可以得到一次性国家资助。

表 3.1 保加利亚高等院校一览表

序号	英 语 名 称	中 文 名 称
1	Sofia University St. Kliment Ohridski	索非亚大学①
2	University of Plovdiv Paisii Hilendarski	普罗夫迪夫大学②
3	St. Cyril and St. Methodius University of Veliko Turnovo	大特尔诺沃大学③
4	South-West University "Neofit Rilski"	布拉果耶夫格勒西南大学
5	Konstantin Preslavski University of Shumen	舒门大学④
6	University of Rousse "Angel Kantchev"	鲁塞大学⑤
7	Trakia University of StaraZagora, Bulgaria	旧扎果拉色雷斯大学
8	Bourgas Prof. Assen Zlatarov University	布尔加斯大学⑥
9	University of National and World Economy	索非亚国家经济和世界经济大学⑦

---

① 索非亚大学位于保加利亚的索菲亚地区。学校建立于 1888 年,是保加利亚最早、历史最悠久的高等
学府。学校早在 1891 年就成立了宣传马克思主义的学生团体——科学社,1903 年成立了社会主义
小组。现在,索非亚大学经过多次的改革和改组,成为讲授社会和自然的基础科学、培养各方面的专
家和师资、从事科学研究和提高各类专家业务水平的大型综合教学研究中心。学校的教学领域包括
自然科学、人文科学及社会科学。索非亚大学设有本科、硕士及博士学位的课程。
② 普罗夫迪夫大学位于保加利亚的第二大城市普罗夫迪夫。学校建立于 1962 年,是保加利亚南部最大
的高等教育机构。
③ 大特尔诺沃大学位于大特尔诺沃城,是一所得到保加利亚国家高等教育机构"优秀"认可的高等学府,
提供本科、硕士、博士层次人才培养。
④ 舒门大学位于保加利亚的舒门地区。学校建立于 1964 年,最初是索非亚大学的分支。学校在 1971
年升级成为独立的大学。舒门大学现在是一所包括人文科学、自然科学以及教育的综合性大学,与众
多海外的高等教育机构都有合作关系。
⑤ 鲁塞大学位于保加利亚北部的鲁塞。学校建立于 1945 年,是一所综合性的大学,设有本科、硕士及博
士学位。
⑥ 布尔加斯大学位于保加利亚东部布尔加斯州首府布尔加斯。学校建立于 1963 年,最初为高等化学技
术学院。该校所有课程均使用保加利亚语教学,学校为海外留学生们提供为期 9 个月的保加利亚语
言课程及大学准备课程。
⑦ 索非亚国家经济和世界经济大学位于首都索非亚。学校建立于 1920 年,是保加利亚最大、最古老的
经济类高等院校。学校最初名为自由政治经济大学,1990 年 4 月 27 日升级为大学并更名为索非亚
国家经济和世界经济大学。学校设有专科、本科与硕士学位。

续表

序号	英 语 名 称	中 文 名 称
10	University of Economics—Varna	瓦尔纳经济大学
11	Tsenov Academy of Economics—Svishtov	斯维什托夫经济科学院①
12	University of Architecture, Civil Engineering and Geodesy	索非亚土木建筑及大地测量大学
13	Technical University of Sofia	索非亚技术大学
14	Technical University of Varna	瓦尔纳技术大学
15	Technical University of Gabrovo	加布洛沃技术大学
16	University of Chemical Technology and Metallurgy—Sofia	索非亚化工冶金大学
17	University of Mining and Geology "St. Ivan Rilski"	索非亚地矿大学
18	Lesotechnical University of Sofia	索非亚林业大学
19	University of Food Technologies—Plovdiv	普罗夫迪夫食品工艺大学
20	Agricultural University—Plovdiv	普罗夫迪夫农业大学
21	Medical University—Sofia	索非亚医科大学
22	Medical University—Varna	瓦尔纳医科大学
23	Medical University—Pleven	普列文高等医学院
24	National Sport Academy of Sofia	索非亚国家体育科学院
25	National Academy of Theatre and Film Arts "Kristyo Sarafov"	索非亚国家戏曲影视艺术科学院
26	National Academy of Arts—Sofia	索非亚美术科学院
27	National music Academy—Sofia	索非亚国家音乐科学院
28	Academy of Music, Dance and Fine Arts in Plovdiv	普罗夫迪夫音乐舞蹈艺术科学院

———————

① 斯维什托夫经济科学院位于保加利亚北部的斯维什托夫。学校建立于 1936 年,是一所历史悠久的综合性院校。学校提供本科、硕士及博士学位的课程。学院是欧洲大学联合协会及欧洲东南部经济学院协会的成员。

续表

序号	英 语 名 称	中 文 名 称
29	New Bulgarian University	索非亚新保加利亚大学
30	Burgas Free University	布尔加斯自由大学
31	Varna Free University	瓦尔纳自由大学
32	American University in Bulgaria	布拉果耶夫格勒保加利亚美国大学
33	Nicola Vaptsarov Naval Academy	瓦尔纳高等海军学校
34	"Luben Karavelov" Civil Engineering Higher School—Sofia	索非亚高等建工学校
35	Higher School of Transport in Sofia	索非亚高等交通学校
36	Rakovski Defence and Staff College	索非亚军事科学院
37	Higher College of Telecomunications and posts	索非亚通信邮电学校
38	International College—Albena	阿尔贝娜国际学校
39	Agricollege—Plovdiv	普罗夫迪夫农业专科学校
40	European College of Economics and Management	普罗夫迪夫欧洲经济管理学校

资料来源:中华人民共和国教育部涉外教育监管信息网(www.jsj.edu.cn)。

3.3 概要总结

保加利亚把"里斯本战略"①作为教育教学政策和教育体系全面发展的

---

① 里斯本战略:欧盟 15 国领导人于 2000 年 3 月在葡萄牙里斯本举行特别首脑会议,达成并通过关于欧盟十年经济发展的规划,即"里斯本战略",目标是希望通过鼓励创新、推动信息通信技术的应用,探索面向知识经济的创新,即"创新 2.0",使欧盟在 2010 年前成为"以知识为基础的、世界上最有竞争力的经济体"。

重要因素,把终身学习理念作为实施国民教育的基础。保加利亚政府非常重视职业教育,2004 年通过《国家持续职业教育发展战略》,建立了资格认证机制和职业资格认证体系,重视成人学习和职业培训,以适应欧盟规定的有关开发人才资源的要求。同时,保加利亚已加入博洛尼亚进程,采用国际上较通用的学士、硕士和博士三级学位制度及欧洲学分转换系统(ECTS)。保加利亚重视教育发展,并多次进行教育改革,谋求扩大教育国际合作,尤其注重与西方发达国家的教育合作,积极参加欧洲教育一体化。在办学方针上,保加利亚一些重点大学都力求与西方名牌大学的教育大纲和教学计划接轨,有些专业的教学已逐步采用西方权威大学的教学方法和教材,积极运用发达国家的办学经验,不断消除过去形成的苏联高等教育体制。

索非亚大学在中东欧乃至国际上都有很高的声誉,其国际合作历史悠久、经验丰富,与世界许多知名高等教育机构开展实质性合作,是保加利亚高等教育国际化发展的“领头羊”。2014 年 9 月,“中国—中东欧国家高校联合会”成立,索非亚大学成为联合会欧方秘书处首任轮值主席,这从一个层面证明了索非亚大学及保加利亚高等教育在中东欧地区有着较高的认可度。值得一提的是,保加利亚也重视引进国外优质教育资源本土办学。比如,保加利亚美国大学建立于 1991 年,由美国缅因州立大学与所罗斯的开放社会基金所创建,是一所提供高等教育的美国大学,课程全部采用英语授课,学校的学分与学位受到保加利亚以及美国教育委员会的承认。该校的学生来自于欧洲、亚洲及美洲的 40 多个国家和地区,目前在校生1 000 余人。学校教学质量突出,深受世界各国学生的欢迎。

保加利亚作为欧盟成员国,不断汲取欧洲发达国家先进高等教育理念,借鉴高等教育国际合作模式,在教学、科研、师生交流、语言教学等方面取得了许多国际合作与交流成果。同时应该注意到,尽管保加利亚已加入欧盟多年,但其经济停滞不前的状况依然未能取得积极的好转,受制于其经济状况,政府在国际留学生交换项目上的投入近些年几乎未有增加,使得交换留学生名额及奖学金数额均停留在较低水平。从现有的资料分析,保加利亚还没有一个明确的吸引海外留学生加强高等教育国际化的远景规划。保加利亚的经济结构比较单一,经济社会发展动力不足,这使得管理类高等教育机构的实践空间有限,教学和管理水平仍有待提高,至今该国并没有一所管理学高校或学科专业通过 EQUIS 国际认证。

第4章

克罗地亚高等教育

4.1 克罗地亚国家概况[①]

克罗地亚共和国位于欧洲中南部,巴尔干半岛的西北部,面积5.66万平方千米,人口440.3万(2011年),其中克罗地亚族占89.6%,其他为塞尔维亚族、波什尼亚克族、意大利族、匈牙利族、阿尔巴尼亚族、斯洛文尼亚族等22个少数民族,主要宗教是天主教,官方语言为克罗地亚语,首都萨格勒布(Zagreb)。克罗地亚南濒亚得里亚海,岛屿众多,海岸线曲折,长1777.7公里,森林覆盖率达40%,沿海地区为地中海式气候,内陆地区为大陆性气候,森林和水力资源丰富。克罗地亚1963年成为南斯拉夫社会主义联邦共和国六个共和国之一,1991年独立,1992年加入联合国,2013

[①] 部分资料整理自中华人民共和国外交部:克罗地亚国家概况[DB/OL],2014年8月,http://www.fm-prc.gov.cn/web/gjhdq_676201/gj_676203/oz_678770/。

年 7 月正式加入欧盟。克罗地亚是前南斯拉夫地区经济较为发达的国家，经济基础良好；旅游、建筑、造船和制药等产业发展水平较高；近年来政局平稳，经济发展稳定。2013 年国内生产总值 575.24 亿美元，人均国内生产总值 13 500 美元，通货膨胀率 2.2%，失业率 20.3%（2014 年 5 月），经济总量居中东欧十六国第六位，经济上属于发达国家。根据联合国开发计划署（UNDP）发布的《2014 年人类发展报告》，克罗地亚的人类发展指数（HDI）0.818，属于极高人类发展水平组，排名第 47 位，其中教育指数 0.779。

4.2　高等教育

教育作为欧洲文化和文明的重要支柱之一，在克罗地亚有着千年的历史。克罗地亚文化教育程度较高，具备较为完整的教育体系，包括学前教育、初等教育、中等教育、高等教育、成人教育、少数民族教育和特殊教育等。《克罗地亚共和国宪法》明确规定：基础教育是义务和免费教育，在同样的条件下，根据每个人的能力向其提供中等教育和高等教育。所有公民都享有受教育的权利，不论其性别、年龄、肤色、种族、宗教信仰等。克罗地亚深知教育与经济发展的密切关系，在各级教育机构中都十分重视实践的训练，从中学开始就要学习一定的专业技术，并参加社会实践。同时非常注重学生德、智、体的全面均衡发展，使理论与实际相结合，脑力劳动与体力劳动相结合。由于克罗地亚过去很长一段时期最大的目标就是加入欧盟，所以其教育体制及水平也不断向欧盟标准看齐，为此，克罗地亚 2001年宣布加入促进欧洲高等教育统一的博洛尼亚进程，并于 2002 年宣布，直到 2010 年博洛尼亚目标，即统一的欧洲高等教育区建成期间，每年对教育的投资预算比上年增加 10％，以更新教学设备、充实教师队伍、促进高等教育按照博洛尼亚进程提出的要求进行改革。

克罗地亚早期的学校通常与修道院联合，有历史记载的最早学校是公元 925 年在斯普利特的神职学校。13、14 世纪（在扎达尔是 1282 年、杜布罗夫尼克是 1333 年、萨格勒布是 1362 年）第一次成立了世俗学校，当时称为市镇学校，因为它们是由市镇委员会资助的。1503 年保禄会会员在克罗地亚列波格拉瓦成立了第一所中学和第一所大学，后者一直到 1786 年被约瑟夫二世关闭。1669 年 9 月 23 日耶稣会士在萨格勒布建立了第一所在克罗地亚有着长期影响的耶稣学院，这后来成为萨格勒布大学的前身。在社会主义时期，克罗地亚十分重视教育事业，每年把国民收入的 4％以上用于教育，致力于"培养有能力的、符合国家需要的专业干部"。1991 年克罗地亚宣布成为独立主权国家，然后就按照独立后的现状对高等教育体制、课程内容以及教育机构的行政管理进行了改革。1991 年之前所有的教育机构都是由国家建立管理的，目前大多数的教育机构仍是如此，但也建立了一些新的私立学校。根据 1996 年通过的高等教育法规，克罗地亚科技部决定将大学教育同职业教育分开，职业教育向学生们提供以实践为主的专业知识。2001 年，克罗地亚正式加入博洛尼亚进程，开始按照博洛尼亚进程框架，对大学学制、学位体系、学生学分积累系统、构建质量保证体系、提供终身教育、大学自治等 6 个方面进行改革和建设。学位体制方面，统一实行学士、硕士和博士三级，明确规定学士学制一般为 3—4 年，硕士学制 1—2 年，博士学制 3 年。学位积累与转换方面，按照博洛尼亚进程标准做了统一。促进师资和学生流动方面，先后加入欧盟的苏格拉底计划等各种师资和学生全球流动项目。2007 年在伦敦召开的博洛尼亚进程部长会议上，克罗地亚加入博洛尼亚进程之后的改革得到极大的肯定，指出这些改革提高了学生的学习质量：学生参加讲座的频率更高，考试通过率提高,作为解决学习项目目标的大量测验和评估标准被引入,学习项目质量得到提升,更强调提供给学生高质量的服务,全面的质量保障体系建立,在博洛尼亚改革框架内,建立了诸多的地域性高等院校,使得克罗地亚更多的年轻人能够在本地接受高等教育,一定程度上减少了投资到学习上的费用。

目前,克罗地亚主要有 6 所综合性大学:萨格勒布大学、里耶卡大学、斯普利特大学、奥锡耶克大学、扎达尔大学和杜布罗夫尼克大学。

表 4.1　克罗地亚主要综合性大学一览表

序　号	英　文　名　称	中　文　名　称
1	University of Zagreb	萨格勒布大学①
2	University of Rijeka	里耶卡大学②
3	University of Split	斯普利特大学③
4	University of Osijek	奥锡耶克大学④
5	University of Zadar	扎达尔大学
6	University of Dubrovnik	杜布罗夫尼克大学

4.3　概要总结

综观目前克罗地亚的高等教育,独立后特别是加入博洛尼亚进程后,

① 萨格勒布大学是克罗地亚最大最古老的大学,也是欧洲最古老的大学之一,是东南欧最古老、规模最大的综合性研究型大学之一。创建于 1669 年哈布斯堡王朝统治时期,1776 年更名为皇家科学院,1861 年 11 月 3 日,克罗地亚国会通过了正式成立萨格勒布大学的法案。萨大是克罗地亚精神和智慧的源泉,在欧洲乃至世界都享有较高的声誉,一些学科达到欧洲最高水平(如法律)。在各种世界大学排行榜中,萨格勒布大学基本能排在全球 500 强之中。
② 里耶卡大学成立于 1973 年,主要有机械工程、造船、城市建设、经济、法律、语言、旅游、航海和海运交通等专业。
③ 斯普利特大学成立于 1974 年,设有法学院、经济学院、电机和机械工程学院、造船学院、化工学院、航海学院、哲学院。
④ 奥锡耶克大学成立于 1975 年,设有服装、农业、木材加工、医疗卫生、建筑、师范等专业。

该国在高等教育改革、学科建设方面取得了一定成绩。但总体而言,克罗地亚居民受教育水平还是稍低于欧洲标准。克罗地亚高等教育系统改革最主要的一个特征是提高了大学的自主和自治。2003 年克罗地亚国会通过了《科学活动和高等教育法案》,博洛尼亚进程被写进法律,并在之后通过了一系列修正案,构成了实施博洛尼亚进程的法律框架。根据这一法案,大学获得自主决定财政分配的权利,同时法律规定了大学自主决定学习奖学金、招生人数比例、学习状况、建立综合学习的可能性、终生学习的可能性等教育项目以及其他相关议题。学生在院校管理中的作用、角色和地位也得到加强。学生代表有法律所赋予的否决权,学校的所有制度、决定,学生都有权利和责任同意或者否决。法律上有关学生会和其他学生组织的改变,使得从 2007 年开始,各个高等院校机构都成立了学生法律顾问办公室(机构)。同时,依据这一法律,克罗地亚形成了国家层面的外部评估、高等院校的内部评估、学生评估三位一体的评估体系,构建了多元利益相关者参与平台。高等院校确立了质量保障程序,并定期进行院校内部评估和组织学生评估;高等院校自主决定采用何种质量评估系统,也可以建立质量保障联盟,监督和促进质量保障活动。2005 年,克罗地亚高等教育系统进行了全部的改革,1 000 多个专业和学位项目接受了评估,其中 900个获得了认证。经济合作与发展组织(OECD)2007 年关于克罗地亚高等教育的报告说,政府在地区性高等院校的投资和努力,代表着致力于各层次高等教育发展的极有意义的尝试。区域性高等教育的发展,意味着随之而来的大量人力和物力的投入,以此保证这些地区性高等教育机构不会得到消极的结果。2007 年召开的博洛尼亚进程部长会议上,克罗地亚因其很好地执行了博洛尼亚进程改革而获得了 4.1 的高分。

克罗地亚高校在科研方面担有重要角色,比如萨格勒布大学科研贡献量占克罗地亚 50% 以上,占克罗地亚所有高校科研生产力的 80%,萨格勒布大学图书馆是克罗地亚最大的图书馆,也是克罗地亚国家图书馆。克罗地亚高校国际化发展良好,同样以萨格勒布大学为例,与奥地利、德国、法国、美国、斯洛文尼亚、英国等国众多高校建立了良好的合作关系,与中国的国际合作与交流也不断拓展。克罗地亚高等教育国际化与西欧国家相比,走出去的多,引进来的少。萨格勒布大学培养的大批学生、教授、专家,如今大都在西方各大学和研究机构工作,而这些走出去的学生学者极少愿意回到克罗地亚工作。尽管每年都有一些外国学生、学者来到这里学习或进行研究,但是这些学生主要来自发展中国家,极少数是来自西欧北美等发达国家的。近些年,随着博洛尼亚进程的推动,这种状况稍有改观。克罗地亚积极参与同欧盟的主要合作项目,如 TEMPUS(高等教育改革资助计划)、CARDS(重建、发展和稳定的共同体援助计划)、EUREKA(经济部门、发展研究中心、大学合作计划)、COST(科技合作计划)、INTEREG(边境地区合作发展的地区计划)等。除此之外,还参加了地区合作计划,如中欧倡议、亚得里亚海—爱琴海倡议、阿尔卑斯—亚得里亚海工作共同体计划、四方合作(克罗地亚、匈牙利、意大利、斯洛文尼亚)等等。为了更快地融入一体化进程,克罗地亚政府进一步采取系列措施,推进学生、教师及科研工作者的自由流动。除了与欧洲国家积极进行学生、师资的自由流动之外,对亚洲和非洲也推行了一系列措施,设立了亚洲在线等项目吸引更多的欧洲区域之外的学生过来。

克罗地亚作为中东欧地区较发达的国家之一,其教育理念、教育水平等都处于比较领先的地位。但是因其经济体量小、经济结构比较单一等原因,管理学高校或专业的实践空间同样有限,对于国际学生的吸引力偏弱,至今该国没有一所管理学高校或学科专业通过 EQUIS 国际认证。

第 5 章

捷克高等教育

5.1　捷克国家概况[①]

　　捷克共和国位于欧洲中部,面积 7.88 万平方千米,人口 1 051 万(2012年),其中约 90% 以上为捷克族,斯洛伐克族占 2.9%,德意志族占 1%,此外还有少量波兰族和罗姆族(吉普赛人),主要宗教为罗马天主教,官方语言为捷克语,首都布拉格(Prague)。捷克土地肥沃,全国丘陵起伏,森林覆盖率达 34%,属于海洋性向大陆性气候过渡的温带气候,褐煤和硬煤资源较丰富,分别居世界第 3 位和欧洲第 5 位。捷克历史上与其他中东欧国家类似,多次被大国军事侵略和政治干涉,第一次世界大战后,捷克与斯洛伐克合并,于 1918 年成立捷克斯洛伐克共和国;1989 年 11 月,捷政权更迭,

---

[①]　部分资料整理自中华人民共和国外交部:捷克国家概况[DB/OL],2015 年 3 月,http://www.fmprc.gov.cn/web/gjhdq_676201/gj_676203/oz_678770/。

实行多党议会民主制;1993 年 1 月,捷克和斯洛伐克分别成为独立主权国家。捷克为中等发达国家,工业基础雄厚;2014 年国内生产总值 2 015.47 亿美元,人均国内生产总值 19 123 美元,经济总量居中东欧十六国第二位。根据联合国开发计划署(UNDP)发布的《2014 年人类发展报告》,捷克的人类发展指数(HDI)0.87,属于极高人类发展水平组,排名第 28 位,其中教育指数 0.866,属于极高教育发展水平组。

5.2 高等教育

5.2.1 基本情况

捷克高等教育的历史可以追溯到 650 多年前。1348 年,查理四世在布拉格创办一所大学,这是中欧最古老的学府,现在被称为查理大学。在捷克共和国有公立(包括国立)大学 28 所,私立高等教育机构 44 所。在校学生数近 37 万,外国留学生 3.7 万人[①]。进入 21 世纪,捷克大学的毛入学率一直位居发达国家的前列:按照经合组织(OECD)的统计方法计算,2006/2007 学年:捷克高校(含高等职业学院)毛入学率为 60%,达到欧盟发达国家的平均水平,甚至超过了教育体制相近的德国、奥地利和瑞士等国。2009/2010 学年的毛入学率提高到 66.7%。此外,获得学士后继续攻读硕士学位的学生占比很大,2009 年的数据显示,超过 80%的本科生毕业后选择继续攻读硕士学位。

---

① 驻捷克使馆教育组材料,2014 年 1 月。

　　捷克高等教育的主管机构是捷克教育、青年和体育部。2010 年,该部颁布了《2011—2015 年捷克高校学术、科研、发展、创新、艺术及其他创造性活动的战略规划》,对未来 5 年高等教育的发展改革进行了规划,确定了工作的三个优先领域:提升教育质量、扩大开放程度、提高办学效率和资金投入。该战略规划的核心是实现高等教育从规模到质量的根本转变,其前提是构建多元化的高等教育体系,转变高校的主要职能。制定战略规划的原则是扬长避短、规避风险、抓住机遇。①

　　大学的教学内容和研究方案的设计由大学自主确定,以体现捷克高等教育机构的学术自由。然而,大学的教学内容和研究方案,要经过大学评审委员会的通过和捷克教育部的认证。评估学生成绩的频次和方法,各大学根据研究领域而各有不同。一般以每个学期末的考试记录成绩和学分。现在欧洲各大学之间已基本实行学分转换和相互认可制度,为学生在欧洲大学之间的自由流动提供便利,捷克多数高校已引入欧洲学分转换系统(ECTS)。

　　捷克高等教育机构提供三个层次的学位课程:学士、硕士和博士学位,以及终身学习的课程。根据法律规定,捷克公立和国家机构的高等教育是免费教育,但是以下情况例外:延长学习期而超过最高限期;录取过程中的管理相关费用;原学习计划增设额外内容或程序;外国语授课课程。捷克的私人高等教育机构课程一般是自费,具体金额根据机构和培养计划确定。

　　学士学位课程为期 3—4 年时间(180—240 ECTS 学分),构成了第一层次的高等教育。根据培养计划,学生必须通过最终的国家考试,通常还包括一个论文的撰写和答辩。毕业生可以进入劳动力市场就业,也可以继

---

① 驻捷克使馆教育组材料,2011 年 11 月。

续他们的学业,攻读相关领域的硕士课程。在结束学士课程后,可以开始硕士学位课程(一般为 1 至 3 年,60—180 ECTS 学分);也可以是一个本硕连读的完整方案(一般为 4 至 6 年,240—360 ECTS 学分)。硕士学位课程注重理论知识的获取和实践的应用,并注重创造性的培养和全面发展。硕士课程的毕业生必须通过最终的国家考试和进行论文答辩。医药、兽药和卫生学位完成要求严格的实践考核和论文的答辩。博士学位课程(通常为 3 年)重点是培养学生自主创新能力和独立的学术研究能力。获得博士学位,必须通过最终的国家考试,通过论文的答辩,且论文必须已在相应杂志和出版物发表或出版①。捷克高等教育体系概况见表 5.1。

表 5.1　捷克高等教育体系一览表

类　别	层　次	学　制	ISCED 等级	理论年龄
	普通高职	3(3.5)	5B	19—22
	艺术高职	2	5B	17—19
高等教育	本科、硕士	2	5B	19—21
	博士	3—4/5/6/7	5A	19—22/23/24/25/26
		3—4	6	—

注:ISCED 指国际教育标准分类,共分 6 级。

在捷克,攻读学士学位需完成普通高中教育或职业教育,并取得毕业证书;完成本科学位课程,取得毕业证书并通过相关入学考试后,可以攻读硕士学位课程;完成硕士学位课程,取得毕业证书并通过相关入学考试后,可以攻读博士学位课程。捷克的学制虽然与中国相类似,但是由于目前两国尚无学历学位互认协议,中国取得的高中和大学本科以上的学历,需捷克教育部再认证。

---

① 驻捷克使馆教育组材料,2014 年 1 月。

捷克教学语言是捷克语。为适应国际学生来捷留学的需求,相当一部分大学提供英语教学课程,且开设外语教学计划的范围不断扩大。截至2015 年 6 月,教育部教育涉外监管信息网未发布捷克高等教育机构名单,但是这并不是说明捷克高等教育缺乏吸引力。查理大学和捷克技术大学是世界 500 强大学,查理大学是中欧历史上第一所大学,曾培养出 2 位诺贝尔奖得主,吸引了著名科学家爱因斯坦等在捷克任教、任职;查理大学和帕拉茨基大学的医学和数学、物理等基础学科有较强优势,其医学专业的学位课程得到美国国外医学教育全国委员会的认可;布尔诺兽医药科大学在兽医领域排名欧洲 20 强;布拉格经济大学在全球商学院排名中近几年一直位居中东欧地区前茅。

5.2.2　高等院校

根据 1990 年捷克颁布的有关法律,允许成立私立和教会学校。捷克高等教育包括高等技术教育和普通高等教育两个大类。高等技术教育为不需要大学学位的行业培养有职业能力的高等技术性人才,学制一般为3—3.5 年。该体系中有 174 所高等职业学校,其中地区性 114 所、国立 1所、私立 47 所、宗教性 12 所。高等职业技术学校教授学生高级技术知识,学生必须支付学费。高等职业技术学校毕业的学生称作“有文凭的专家”。

普通高等学校分为公立、国立和私立三种形式。从层次上划分是大学型或者非大学型。传统的大学型机构可以提供所有类型的学位课程,一般至少具有培养硕士研究生的资格,绝大多数大学具有博士学位授权资格。根据捷克高等教育法,只有既从事教学又从事科学研究的高等教育机构,才可以称为大学。非大学型(一般为院校)机构主要集中精力于教学上,除少数几所学院具有硕士学位授权资格外,大多数学院只有学士学位授权资格。捷克共有 72 所高校,其中公立 26 所,私立 44 所,国立 2 所。高校在校生在校学生数近 37 万人,外国留学生近 4 万人。

捷克公立高校的学生占到高校学生总数的 90% 左右,其办学经费主要来自政府财政拨款,学生免收学费;国立高校(国防大学和警官学院)学生占高校学生总数的 1% 左右,其办学费用由相应的部委直接划拨;私立高校的学生占高校学生总数的 9% 左右,学生依法缴纳学费,私立高校收入的 90% 左右来自学费,小部分办学经费由政府资助。

位于首都的查理大学是中欧最古老的学府,创办于 1348 年,现有 16 个院系(其中 4 个在外地)。创办于 1707 年的捷克技术大学,在中欧同类大学中也拥有最悠久的历史。[①]捷克具有本、硕、博学位授予权的公立高校如表 5.2。

表5.2　捷克具有本、硕、博学位授予权的公立高校一览表

序号	英文名称	中文名称	网　址
1	Academy of Arts, Architecture and Design in Prague	布拉格艺术、建筑及设计学院	www.vsup.cz
2	Academy of Fine Arts in Prague	布拉格美术学院	www.avu.cz
3	Academy of Performing Arts in Prague	布拉格表演艺术学院	www.amu.cz
4	Brno University of Technology	布尔诺技术大学	www.vutbr.cz
5	Charles University in Prague	查理大学	www.cuni.cz
6	College of Polytechnics, Jihlava	伊赫拉瓦技术学院	www.vspji.cz
7	Czech Technical University in Prague	捷克技术大学	www.cvut.cz
8	Czech university of Life Sciences, Prague	捷克生命科学大学	www.zcu.cz

---

① 整理自中华人民共和国外交部网站。

续表

序号	英文名称	中文名称	网　址
9	Institute of Chemical Technology, Prague	布拉格化工大学	www.vscht.cz
10	Institute of Technology and Business in České Budějovice	布杰约维采技术商业学院	www.vstecb.cz
11	Jan Evangelista Purkyně University in Ustí nad Labem	J.E.普尔基涅大学	www.ujep.cz
12	Janáček Academy of Music and performing Arts in Brno	亚纳切克音乐与表演艺术学院	www.jamu.cz
13	Masaryk University	马萨里克大学	www.muni.cz
14	Mendel University of Agriculture and Forestry Brno	门德尔农林大学	www.mendelu.cz
15	Palacký University in Olomouc	帕拉茨基大学	www.upol.cz
16	Silesian University in Opava	西里西亚大学	www.slu.cz
17	Technical University of Liberec	利贝雷茨技术大学	www.tul.cz
18	Tomas Bata University in Zlin	托马斯拔佳大学	www.utb.cz
19	University of Economics, Prague	布拉格经济大学	www.vse.cz
20	University of Hradec Králové	赫拉德茨-克拉洛韦大学	www.uhk.cz
21	University of Ostrava	奥斯特拉瓦大学	www.osu.cz
22	University of Pardubice	帕尔杜比采大学	www.upce.cz
23	University of South Bohemia in České Budějovice	南波希米亚大学	www.jcu.cz
24	University of Veterinary and Pharmaceutical Sciences Brno	布尔诺兽医药科大学	www.vfu.cz
25	University of west Bohemia in Pilsen	西波希米亚大学	www.zcu.cz
26	VŠB-Technical University of Ostrava	VŠB-奥斯特拉瓦技术大学	www.vsb.cz

5.3　概要总结

　　捷克学校除了传统教学外,特别强调培养学生的外语沟通能力、信息处理能力、人际关系能力等 21 世纪的核心能力。捷克高等教育走在中东欧地区的前列,历史悠久,查理大学等名校享誉世界。捷克的大学基本都是研究教育型大学,学术水平比较高,在历史上培养出了像孟德尔一样的科学巨匠,也吸引了爱因斯坦、马赫等世界级科学家到查理大学任教,还出了获得诺贝尔化学奖的海洛夫斯基教授。

　　高校的自治程度在一定程度上影响着高校的活力、创造力和吸引力。捷克在高校自治方面表现突出。具体表现在以下几个方面:一是高校的管理权得到《高等教育法》的明确规定并得到严格执行,其中值得一提的是捷克高校都有自主招生的权利,符合相应条件的学生可以自由选择高校进行入学申请,并参加申请学校自己举办的考试,学校有权决定录取学生的数量和录取标准,学生可以同时向多所学校提出申请,属于一种典型的市场化招生调控体系;二是不论是高等学校本身的学术团体,还是国家级的学术团体都必须积极参与管理,同时,教育、青年与体育部和高等教育代表委员会要一起讨论对高等学校有重要影响的建议与措施等;三是学生参与管理。在捷克,学生是高校的平等伙伴,这方面的立法被认为是欧洲最有进展的立法之一。在高等学校一级的管理层面上,立法保证了在学术委员会中有足够数量的学生代表,比例占三分之一到二分之一,此外,学生要参与其所在学校的评估。这样学生就有可能影响到其所在学校的发展与重要决策。在国家层面,有高等教育理事会下属的学生理事会(the Students'

Chamber of the Council of HEIs）。学生理事会支持、监督学生的科研和创造性活动，参与高等教育立法、国家高等教育发展战略文件的准备及研究工作。学生理事会代表还参与高等教育代表委员会的工作，参与教育财政预算的讨论。[①]

在高等教育国际化方面，捷克近些年的相关投入和师生流动数量同步快速增长。如查理大学的国际学生交流数量近十年一直稳步增长，规模从 8 000 人增长到现在的 14 000 人左右；该校与美国、英国、法国、德国、俄罗斯、荷兰等开展的国际合作项目总数已经突破了 4 700 个。[②]

捷克高等教育拥有科学的管理体系、雄厚的师资、国际化的前沿理念，虽然目前没有院校或机构通过 EQUIS 认证，但是并不代表该国管理类学科或机构的实力不足。捷克同样积极参与"中国—中东欧国家合作"，查理大学等高校的校长还出席了 2014 年 9 月在天津召开的第二届"中国—中东欧国家教育政策对话"（"中国—中东欧国家合作"框架下在教育领域的重要平台）。相信在诸多国际化平台的推动下，在捷克实力雄厚的高等教育基础上，在不久的将来，就能在 EQUIS 认证名录上看到捷克的高等教育机构。

---

① 部分内容摘自《学术论坛》2011 年第 10 期中《捷克高等教育国际化变革及启示》。
② http://www.cuni.cz/UKEN-109.html＃11.

第 6 章

爱沙尼亚高等教育

6.1　爱沙尼亚国家概况[①]

　　爱沙尼亚共和国位于波罗的海东岸,面积4.53万平方千米,人口131.3万(2015年),主要民族有爱沙尼亚族、俄罗斯族、乌克兰族和白俄罗斯族,主要信奉基督教路德宗、东正教和天主教,官方语言为爱沙尼亚语,首都塔林(Tallinn)被誉为"欧洲的十字路口"。爱沙尼亚境内地势低平,平均海拔为50米,森林覆盖率达48％,海岸线长3 794公里,属于海洋性气候,自然资源比较困乏,淡水资源丰富。爱沙尼亚曾先后被普鲁士、丹麦、瑞典、波兰、德国、沙俄和苏联占领统治;1991年8月恢复独立,同年成为联合国成员;2004年3月加入北约,同年5月加入欧盟,2007年12月加入申根区,

---

[①]　部分资料整理自中华人民共和国外交部:爱沙尼亚国家概况[DB/OL],2016年1月,http://www.fm-prc.gov.cn/web/gjhdq_676201/gj_676203/oz_678770/。

2011年1月加入欧元区。自恢复独立以来,爱沙尼亚一直奉行自由经济政策,大力推行私有化,实行自由贸易政策,经济发展迅速,年均经济增速在欧盟成员国内位列前茅;2014年国内生产总值199.63亿欧元(约265亿美元),人均国内生产总值15 186欧元(约合20 140美元)失业率7.4％,经济总量居中东欧十六国第十二位。根据联合国开发计划署(UNDP)发布的《2014年人类发展报告》,爱沙尼亚的人类发展指数(HDI)0.861,属于极高人类发展水平组,排名第30位,其中教育指数0.874,属于极高教育发展水平组。

6.2　高等教育

《爱沙尼亚共和国教育法》(1992年实施)确立的教育目标是:为个人、家庭、民族、少数民族、经济、政治、文化和环境保护发展创造有利条件;塑造执法守法的公民;并为所有人提供继续受教育的机会。截至2011年,爱沙尼亚共有学前教育机构643所,各类中小学校540所,各类技术职业学校50所,高等教育机构33所,其中大学15所,各类职业高等教育机构24所。[①]

在爱沙尼亚,高等教育体系包括两个分支,即学术高等教育和专业高等教育。[②]学术高等教育有权授予学士、硕士、博士学术学位。大学系统也可以开设职业高等教育项目,大学的职能是推动研究与文化发展,并在教育、研究和其他创新活动中为社会提供服务。大学的第一个周期是指学士

---

① http://news.xinhuanet.com/ziliao/2002-06/01/content_418816_5.htm.

② Higher Education in Estonia: Fourth Edition, 2010.

学位,需要 3 年;第二个周期是指获得硕士研究生,一般需要 2 年;第三个周期是指最高级别的博士学位。从 2009—2010 学年起,爱沙尼亚的高等教育机构转入"欧洲学分转入体系(ECTS)"学分制系统。

所有被认可的国立和公共高等教育机构有权颁发特定格式和内容的国家样式的毕业证书。在经过质量评估和鉴定之后,所有爱沙尼亚的高等教育机构和其学习课程被国家所承认,也就是说爱沙尼亚高等教育机构与课程是在质量评估与鉴定之后才生发效用的。爱沙尼亚大学为国际学生所开设的所有课程都是经过质量认定的。[①]在夏季,爱沙尼亚大学善于提供国际夏季学校,每年都吸引几百名世界各地的年轻人。每个接受国际学生的高等教育机构都有一个国际学生办公室或者一个负责国际关系的人员,为学生提供广泛的英语支持服务。在开始留学生涯之前和这个办公室建立联系是明智的选择,以得到更详细的关于申请程序、住宿和其他的必要信息。同时,爱沙尼亚也对外国高等教育资格进行评估并颁发高等教育许可资格,该项工作由爱沙尼亚国家学术认可信息中心执行。申请者还需要英语水平证明,如通常需要正式的托福、雅思或其他国际承认的英语水平测试成绩。候选人可以直接向高等教育机构索取关于招生和奖学金机会的详细信息。[②]

近 10 年中,爱沙尼亚的教育内容、教育机构、教育体制和教育管理等方面发生了重要变化。爱沙尼亚在传统上是以教育的高水平而闻名于世的,同时也存在教育体制不能以灵活的方式对劳动力需求的迅速变化做出反应等问题。最近几年,爱沙尼亚政府的教育观念有不少变化。讨论这些问题的文件之一是由爱沙尼亚总统学术理事会编辑的材料,称为"爱沙尼亚的学习"。该文件的观点是爱沙尼亚教育发展的标志。

---

① 转自《使馆商社贸易快讯》,http://www.smartestonia.ee。
② 《走进爱沙尼亚》,爱沙尼亚驻华大使馆《使馆商社贸易快讯》。

爱沙尼亚的主要教育问题是难以对外界条件的变化做出调整,寻找教育问题的解决办法的过程受到了潜在的政治意志的阻力。在爱沙尼亚的社会分工中,教育是最穷的部门。这就是为什么不能对学校老师和大学的讲师和教授付给适当的工资的原因,在过渡时期教育出现了不平等并有所加深,这意味着穷人家庭出身的和农村地区的儿童的教育机会的减少。

现有关于爱沙尼亚共和国社会调查数据及国家高等教育的研究文献较为匮乏,目前爱沙利亚共和国的教育现状体制有待进一步查证。

截至 2014 年 1 月,爱沙尼亚共和国共有 25 所高等教育机构,其中公立(public)大学 6 所、私立(private)大学 1 所、专业国立(state)学院 8 所、专业私立学院 8 所、2 所公共职业教育机构。

表6.1　爱沙尼亚高等院校一览表

序号	学校名称(英文名称)	性质
1	塔尔图大学(University of Tartu)	公立
2	塔林大学(Tallinn University)①	公立
3	塔林理工大学(Tallinn University of Technology)②	公立
4	爱沙尼亚艺术学院③(Estonian Academy of Arts)	公立
5	爱沙尼亚音乐和剧院学院(Estonian Academy of Music and Theatre)	公立
6	爱沙尼亚生命科学大学④(Estonian University of life Sciences)	公立

① 塔林大学(爱沙尼亚语:Tallinna Ülikool),成立于 2005 年,是爱沙尼亚最大的高等院校之一,位于首都塔林。
② 塔林理工大学(爱沙尼亚语:Tallinna Tehnikaülikool)位于爱沙尼亚的首都塔林,始建于 1918 年,是该国最大的公立理科大学,拥有爱沙尼亚最大的工商管理学院。
③ 爱沙尼亚艺术学院,其前身为创建于 1904 年的塔林应用美术学院,是爱沙尼亚唯一一所大学级的艺术和设计学院。1999 年,该院加入了欧盟教育体系 Erasmus and Leonardo da Vinci,并与来自英国、法国、德国、荷兰、芬兰、西班牙、美国、波兰等 15 个欧美国家众多艺术院校有着广泛的交流和合作。
④ 爱沙尼亚生命科学大学,位于爱沙尼亚塔尔图市,是爱沙尼亚国内唯一一所专注于自然资源可持续发展,致力于遗产及栖息地环境的保护的大学。其办学主旨是确保自然资源的可持续利用以及促进城乡发展。爱沙尼亚生命科学大学是该国农业、林业、畜牧业、兽医学、城乡生活和经济、品科学和环保技术的研究发展中心。

续表

序号	学校名称（英文名称）	性质
7	爱沙尼亚商学院①（Estonnia Business School）	私立
8	爱沙尼亚航空学院（Estonian Aviation Academy）	专业国立
9	爱沙尼亚国防学院（Estonian National Defence College）	专业国立
10	西维鲁学院（Lääne-Viru College）	专业国立
11	爱沙尼亚安全科学研究院（Estonian Academy of Security Sciences）	专业国立
12	TTK 应用科技大学（TTK University of Applied Sciences）	专业国立
13	塔林保健学院（Tallinn Health Care College）	专业国立
14	塔尔图艺术学院（Tartu Art College）	专业国立
15	塔尔图保健学院（Tartu Health Care College）	专业国立
16	计算机科学学院（Computer Science College）	专业私立
17	爱沙尼亚福音路德教会神学研究院（The Institute of Theology of the Estonian Evangelical Lutheran）	专业私立
18	爱沙尼亚酒店管理旅游学院（Estonian School of Hotel and Tourism Management）	专业私立
19	爱沙尼亚信息职业技术学院（The Estonian Information Technology College）	专业私立
20	爱沙尼亚卫神学院（Estonian Methodist Theological Seminary）	专业私立
21	欧洲学院（Euroacademy）	专业私立
22	爱沙尼亚应用科学创业大学（Estonian Entrepreneurship University for Applied Sciences）	专业私立
23	塔尔神学院（Tartu Theological Seminary）	专业私立
24	塔林经济学院（Tallinn School of Economics）	公共职业
25	沃鲁县职业培训中心（Voru County Vocational Training Centre）	公共职业

① 爱沙尼亚商学院，是波罗的海地区最大和历史最长的私立商学院，它成立于 1988 年，EBS 可授予商业管理、公共管理和 IT 等专业的学士、硕士、博士学位，并与 46 个欧盟国家的高等院校建立了合作关系。

6.3　概要总结

爱沙尼亚总体教育规模不是很大,但管理类学科专业在高等院校体系中还是处于比较重要的地位,国际化是其管理学教育能力建设的一个重要方面。

《爱沙尼亚高等教育战略(2006—2015)》前言中明确指出,当代社会与经济的发展在很大程度上要取决于创新能力、应对全球化风险的能力。因此,《爱沙尼亚高等教育战略(2006—2015)》在国际化方面设计出一些具体的量化指标,如鼓励师生到国外高等教育机构流动,特别鼓励硕士及博士层面的国际交流,到 2014 年外国长期教职人员达到 3％,攻读博士学位的学生至少有 1 个学期的海外留学经历,拥有 10％的海外博士生或博士后学生,5％的硕士生获得国外大学奖学金等。但事实证明,全球化引发的教育国际化实践也不是一朝一夕就能完成的事情。我们在研究中发现,爱沙尼亚各大学的网站在第一层面绝大多数有英文内容,但想做进一步了解,则大多数是以爱沙尼亚文呈现,因此可以粗略断定,爱沙尼亚高校的国际化距离理想的程度还有很大距离。至今,爱沙尼亚没有一所管理学高校或学科专业通过 EQUIS 国际认证,也可以佐证其国际化水平。

第 7 章

匈牙利高等教育

7.1 匈牙利国家概况①

匈牙利位于中欧内陆,面积 9.3 万平方千米,人口 987.7 万(2014 年),其中匈牙利(马扎尔)族约占 90%,少数民族有斯洛伐克、罗马尼亚、克罗地亚、塞尔维亚、斯洛文尼亚、德意志等族,主要信奉天主教(66.2%)和基督教(17.9%),官方语言为匈牙利语,首都布达佩斯(Budapest),其姓名规则与中国类似——姓在前、名在后。匈牙利属于大陆性气候,自然资源比较困乏,铝矾土蕴藏量居欧洲第三位。匈牙利历史上也是多次被大国军事侵略和政治干涉,1949 年 8 月宣布成立匈牙利人民共和国并颁布宪法,1956 年 10 月爆发匈牙利事件,1989 年 10 月国名改为匈牙利共和国,2012 年 1 月,通过新

---

① 部分资料整理自中华人民共和国外交部:匈牙利国家概况[DB/OL],2016 年 1 月,http://www.fmprc.gov.cn/web/gjhdq_676201/gj_676203/oz_678770/。

宪法更国名为匈牙利；1989 年 12 月加入北约，2004 年加入欧盟，2007 年 12 月成为申根公约会员国。匈牙利是经合组织（OECD）成员国，经济上属于中等发达国家，经济目标是建立以私有制为基础的福利市场经济，目前私营经济的产值约占 GDP 的 86％，2013 年国内生产总值 978 亿欧元，经济总量居中东欧十六国第四位。根据联合国开发计划署（UNDP）发布的《2014 年人类发展报告》，匈牙利的人类发展指数（HDI）0.828，属于极高人类发展水平组，排名第 44 位，其中教育指数 0.815，属于极高教育发展水平组。

7.2　高等教育

　　匈牙利政府重视教育投入，20 世纪 90 年代以来，其教育经费一直占国民生产总值 5％以上。匈牙利教育行政主管部门是人力资源部。匈牙利高校分为大学和学院，有国立与非国立（教会与私立）两类。大学必须至少有两门学科可授予硕士学位和至少一门学科可授予博士学位。私立高校可通过匈牙利认证委员会（Hungarian Accreditation Committee，HAC）的认证获得政府的认可。匈牙利政府规定，必须经过国家认证的高校才可颁发在匈获得承认的文凭。匈牙利素有"发明家民族"之称，在科技创新方面实力雄厚。匈牙利国会负责实施高等教育法，确立发展方向，向高等教育机构颁发和收回国家许可，为高等教育的运行与发展从中央预算中安排资金。人力资源部根据高等教育法政策规定调控任务。政府向国会提交高等教育立法草案和中期发展规划，确定政府资助课程一个学年可招收学生总人数及其在各教育领域与层次的分配，设立奖学金。

　　匈牙利于 1999 年加入"博洛尼亚进程"，2003 年引入欧洲学分转换系统(European Credit Transfer System，ETCS)。2006年，匈牙利高等教育采用3级学位制，即学士、硕士和博士。学士学位为6—8学期，180—240学分；硕士为2—4学期，60—120学分；博士为6学期，180学分。法学与医学专业保留长学制，为10—12学期，300—360学分，毕业获得相当于硕士学位的文凭。此外，高校也可向学士和硕士毕业生提供专业培训，期限为2—4学期，修完60—120学分，通过毕业考试，获得专业资格。①高校依据中学毕业考试成绩和中学学习表现录取学生。无论国立还是私立高校都有国家公费生和自费生。各级学位和各学科国家公费生名额由政府确定。学费由高校依据政府颁布的法令来确定。

匈牙利大学有高度的自治权，不受地方政府干涉，对校长而言，唯一的限制就是必须严格依照法律规定行事。在校内校长要接受校务委员会监督，对校务委员会负责，学校重大事项必须提交校务委员会表决。高等院校校长由学校全体教授提名产生，基本为本校内部人选，任期为3年，可以续任一次。续任必须经过与第一任相同的选举程序。校长人选产生后，呈报教育部，由教育部上报总统批准。教育部对大学校长的推选无权干涉，总统批准的校长基本上是学校选举产生的校长候任人选。②

2011年12月，匈牙利国会通过新的《高等教育法》并于2012年9月正式付诸实施。该法案主要在三个方面对高等教育进行改革：一是改革筹资方式。高等教育取消免费，大学生应该以全额奖学金、半额奖学金和纯自费三种形式享受高等教育；政府推出学生贷款来保障学生支付学费和生活费。政府计划在2012—2014年三年中将高等教育补贴裁减880亿福林(约3.11亿欧元)。二是减少国家奖学金。政府将国家全额奖学金名额由2011年5.3万减至2012年3.4万，另外增加1.55万个半额奖学金名额。奖学金名额裁减最多的是法学、社会学科及人文学科。现政府认为，匈牙利的未来取决于

① 驻匈牙利使馆教育组材料，2011年11月。
② 驻匈牙利使馆教育组材料，2009年7月。

理工科专业人才。通过奖学金名额分配来影响学生对专业的选择，从而调整高校的专业设置，进而改革高等教育结构，培养出适应经济发展和劳动力市场需要的人才[1]。三是签订奖学金合同。接受国家奖学金的学生必须签订合同，承诺毕业后 20 年内留在匈牙利工作时间要达到享受奖学金时间的两倍，违者必须返还奖学金及利息。政府希望借助此举阻止匈牙利人才外流。值得一提的是，近年来，中匈关系发展到新的高度，匈牙利政府实行"向东开放"政策，承诺 2014 年起，每年向中国提供 200 个奖学金名额。

目前，获得匈牙利政府认可和推荐的高等教育机构共有 67 所，但中华人民共和国教育部涉外教育监管信息网公布的匈牙利高等教育机构名单仅包括国立大学（State University）19 所，国立学院（State College）9 所。根据 2014 年 12 月匈牙利驻华使馆有关材料，匈牙利政府推荐的 67 所高等教育机构具体名单如表 7.1[2]。

7.3　概要总结

匈牙利在过去的十几年内实行了一系列高等教育改革，目的是建立一个具有竞争力、可持续发展、公平公正的高等教育体制。目前，匈牙利已形成了完备的高等教育制度体系，在基础设施、教学设备、信息化、学生数量等方面发生了重大变化，进入了"规模教育"阶段。2011 年底，匈牙利国会通过新的《国家高等教育法》。匈牙利高等教育的融资渠道也值得关注：2012 年起，匈牙利实行新的奖学金制度，凡享受奖学金的学生，必须与国

---

[1]　驻匈牙利使馆教育组材料，2013 年 4 月。
[2]　匈牙利高等教育机构部分资料来源于驻匈牙利使馆教育组 2009 年材料。

表 7.1 匈牙利政府推荐的 67 所高等教育机构一览表

序号	学校名称	学校类型	网址	备注
1	Corvinus University of Budapest	国立大学	www.bkae.hu	拥有管理与企业管理、经济学、国际关系等博士点
2	Budapest University of Technology and Economics	国立大学	www.bme.hu	一所综合实力非常强的大学。优势学科有工商管理、数学、物理、工程物理、化学、化学工程、建筑、建筑工程、交通工程、机械工程、工程技术、材料科学、电子工程、软件工程、信息科学、交通工程、机械工程、工程技术、材料科学、食品工程、农业、园艺科学、环境科学
3	University of Debrecen	国立大学	www.unideb.hu	优势学科为音乐
4	Eötvös Loránd University	国立大学	www.elte.hu	法学学科最为古老，为欧洲大学联合会（EUA）中的研究型大学
5	Kaposvár University	国立大学	www.ke.hu	
6	The Liszt Academy of Music	国立大学	www.zeneakademia.hu	优势学科为音乐

续表

序号	学校名称	学校类型	网址	备注
7	Moholy-Nagy University of Art and Design	国立大学	www.mie.hu	
8	Hungarian Academy of Fine Arts	国立大学	www.mke.hu	优势学科为美术
9	Dharma Gate Buddhist College	国立大学	www.tkbf.hu	
10	Óbuda University	国立大学	www.uni-obuda.hu	
11	University of Miskolc	国立大学	www.uni-miskolc.hu	
12	University of West Hungary	国立大学	www.nyme.hu	
13	University of Pécs	国立大学	www.pte.hu	优势学科为工商管理
14	Semmelweis University	国立大学	www.sote.hu	
15	Széchenyi István University	国立大学	uni.sze.hu	
16	University of Szeged	国立大学	www.u-szeged.hu	优势学科为音乐
17	Szent István University	国立大学	www.szie.hu	
18	University of Drama and Film	国立大学	www.szfe.hu	
19	University of Pannonia	国立大学	www.uni-pannon.hu	
20	National University of Public Service	国立大学	www.uni-nke.hu	
21	Óbuda University	国立大学	www.uni-obuda.hu	

续表

序号	学校名称	学校类型	网址	备注
22	Budapest Business School	国立学院	www.bgf.hu	优势学科为工商管理
23	College of Dunaújváros	国立学院	www.duf.hu	
24	Eötvös József College	国立学院	www.ejf.hu	
25	Eszterházy Károly College	国立学院/	www.ektf.hu	
26	Károly Róbert College	国立学院	www.karolyrobert.hu	
27	Kecskemét College	国立学院	www.kefo.hu	
28	Hungarian Dance Academy	国立学院	www.mtf.hu	
29	College of Nyíregyháza	国立学院	www.nyf.hu	
30	College of Szolnok	国立学院	www.kgf.hu	
31	Adventist Theological College	不详	www.atf.adventista.hu	教育部监管网无
32	Budapest College of Management	不详	www.avf.hu	教育部监管网无
33	Gyula University	不详	www.andrassyuni.eu	教育部监管网无
34	Apor Vilmos Catholic College	不详	www.avkf.hu	教育部监管网无
35	Baptist Theological Seminary	不详	www.bta.hu/hirek-esemenyek	教育部监管网无
36	Bhaktivedanta College Budapest	不详	www.bhf.hu/hu	教育部监管网无

续表

序号	学校名称	学校类型	网址	备注
37	Budapest Contemporary Dance Academy	不详	www.dance.org.hu	教育部监管 网无
38	Debrecen University of Reformed Theology	不详	www.drhe.hu	教育部监管 网无
39	University of Applied Sciences	不详	www.bkf.hu	教育部监管 网无
40	John Wesley Theological College	不详	www.wesley.hu	教育部监管 网无
41	King Sigismund College	不详	www.zskf.hu	教育部监管 网无
42	Edutus Föiskola Edutus College	不详	www.edutus.hu	教育部监管 网无
43	Theological College of Eger	不详	www.eghf.hu	教育部监管 网无
44	Theological College of Esztergom	不详	www.eszhf.hu	教育部监管 网无
45	Evangelical-Lutheran Theological University	不详	www.teol.lutheran.hu/index.php/h-u	教育部监管 网无
46	Gabor Dénes College	不详	www.gdf.hu	教育部监管 网无
47	Gal Ferenc College	不详	www.theol.u-szeged.hu	教育部监管 网无
48	Calvary Chapel Bible College	不详	www.ccbce.com/hu	教育部监管 网无
49	Theological College of Györ	不详	www.gyhf.hu	教育部监管 网无

续表

序号	学校名称	学校类型	网址	备注
50	International Business School	不详	www.ibs-b.hu	优势学科为工商管理
51	Gáspár University of the Reformed Church	不详	www.kre.hu/portal/index.php	教育部监管网无
52	Kecskemét College	不详	www.kefoportal.kefo.hu/cimlap	教育部监管网无
53	Kodolányi János University College	不详	www.kodolanyi.hu	教育部监管网无
54	Central European University	不详	www.ceu.hu	优势学科为工商管理
55	Liszt Ferenc Academy of Music	不详	www.zeneakademia.hu	教育部监管网无
56	College of Nyíregyháza	不详	www.nyf.hu	教育部监管网无
57	Jewish Theological Seminary-University of Jewish Studies	不详	www.or-zse.hu	教育部监管网无
58	Pápa Theological Academy of the Reformed Church	不详	www.prta.hu	教育部监管网无
59	Pázmány Péter Catholic University	不详	www.ppke.hu	教育部监管网无
60	Sárospatak Theological Academy of the Reformed Church	不详	www.srta.hu	教育部监管网无

续表

序号	学校名称	学校类型	网址	备注
61	Theological College of Pécs	不详	www.sola.hu	教育部监管网无
62	Pető András College	不详	www.peto.hu	教育部监管网无
63	Pentecostal Theological College	不详	www.ptf.hu	教育部监管网无
64	Sapientia Shool of Theology	不详	www.sapientia.hu	教育部监管网无
65	Sola Scriptura College of Theology	不详		教育部监管网无
66	Szent Atanáz Greek Catholic Theological Institute	不详	www.atanaz.hu	教育部监管网无
67	Szent Pál Academy	不详	www.szpa.hu	教育部监管网无
68	University of Physical Education	不详	www.tf.hu	
69	Tomori Pál College	不详	www.tpfk.hu	
70	Archiepiscopal Theological College of Veszprém	不详	www.vhf.hu	
71	Wekerle Business School	不详	www.wsuf.hu	

家签署服务期限合同,即在取得学位后的 20 年内,为国家服务的时间要达到享受奖学金时间的两倍。

但从研究资料看出,匈牙利目前仍然未有入选 2014—2015 年泰晤士世界大学排行榜和 2015QS 世界大学排行榜前中前 200 名的大学,从"规模教育"到"质量教育"的道路仍然任重道远。但这并不意味着匈牙利缺少办学特色鲜明的高校。如拥有文学、艺术、设计、舞蹈等优势学科的高校有罗兰大学、德布勒森大学、莫后伊·纳吉艺术与设计大学、匈牙利舞蹈学院、布达佩斯戏剧与电影学院等;拥有医学、药学等优势学科的高校有赛格德大学、佩奇大学、德布勒森大学、赛梅维斯大学。作为"发明家民族",匈牙利在高等教育改革与创新方面紧随国际形势,使得其高教国际化发展势头良好。罗兰大学、佩奇大学、李斯特音乐学院等国际交流与合作走在同地区高校的前列,匈牙利高等教育国际化发展的良好势头为其高校优质教育资源走出去并得到相关国际权威认证奠定了基础。匈牙利知名高校主要有罗兰大学、赛格德大学、德布勒森大学、佩奇大学、布达佩斯技术与经济大学、米什科尔茨大学、考文纽斯大学、李斯特音乐学院等。

在匈牙利的 67 所高校中,工商管理学科最强势的有布达佩斯技术与经济大学、考文纽斯大学、佩奇大学、布达佩斯商学院、国际商学院、中欧大学等 6 所大学,但这些大学中,没有一所通过 EQUIS 认证。相信通过"中国—中东欧国家合作"等国际化平台,依托匈牙利高校特色鲜明的优势学科,未来将不断有匈牙利的院校或机构进入 EQUIS 认证清单。

第8章

拉脱维亚高等教育

8.1 拉脱维亚国家概况[①]

　　拉脱维亚共和国位于波罗的海东岸,面积 6.46 万平方千米,人口 228万(2016 年),其中拉脱维亚族占 62%,俄罗斯族占 27%,白俄罗斯族占3%,乌克兰族占 2%,波兰族占 2%,主要信奉天主教和新教路德宗,官方语言为拉脱维亚语,通用俄语,首都里加(Riga)。拉脱维亚平均海拔 87米,地貌为丘陵和平原,气候属海洋性气候向大陆性气候过渡的中间类型,森林覆盖率达 49.9%,自然资源较贫乏。拉脱维亚曾先后被瑞典、波兰、沙俄、德国、苏联占领统治;1911 年 8 月,苏联国务委员会承认拉脱维亚独立,同年 9 月加入联合国,2004 年 5 月正式加入欧盟,2014 年 1 月加入欧元

---

① 部分资料整理自中华人民共和国外交部:拉脱维亚国家概况[DB/OL],2016 年 1 月,http://www.fm-prc.gov.cn/web/gjhdq_676201/gj_676203/oz_678770/。

区。拉脱维亚 1991 年恢复独立后,即开始按西方模式进行经济体制改革,推行私有化和自由市场经济,1998 年被正式接纳为世界贸易组织成员;近年来经济缓慢复苏,经济、政治发展平稳,经济总量居中东欧十六国第十一位。根据联合国开发计划署(UNDP)发布的《2014 年人类发展报告》,拉脱维亚的人类发展指数(HDI)0.819,属于极高人类发展水平组,排名第 46位,其中教育指数 0.806,属于极高教育发展水平组。

8.2　高等教育

拉脱维亚教育在三次教育改革中,逐步建立起了健全的教育法律法规体系,形成了较为良好的教育运行体制,迅速提高了拉脱维亚教育质量,也为与欧盟教育体制接轨奠定了良好的基础。

拉脱维亚实行教育计划与教育机构分离的办学模式,即由专家组按照国家教育标准制定国家教育计划,报内阁审议通过后供各个教育机构选择实施。国立教育机构必须实施国家教育计划,私立教育机构则可以通过内阁的审议批准后自行实施自己的教育计划,但是私立机构也可以实施国家教育计划并取得国家财政拨款的资助。这样就促进了教育的灵活性并使得教育中融入市场经济的元素,使得拉脱维亚的教育更加富有灵活性。

1991 年出台的第一部教育法律即《拉脱维亚教育法》中,拉脱维亚对高等教育下放了财政管理权。由此,高等教育获得了自主运营权。1995年 12 月,《拉脱维亚高等教育法》获得通过,为高等教育的自治提供了法律基础。同时,拉脱维亚放眼国际视野,积极与国际接轨。其中,在拉脱维亚排名第一的拉脱维亚大学,是 IAU、EUA、乌得勒支网络、欧洲首都大学联盟(UNICA)和波罗的海区域大学网络(BSRUN)等大学联盟的成员。除了通过欧盟的伊拉斯谟(Erasmus)等项目与欧洲范围内的大学进行交流外,拉脱维亚大学还与世界上 29 个国家的 76 所大学签署了双边合作协议。

除此之外,拉脱维亚对不同专业高校学生财政支持区别对待,并且高校资助体制采用"双轨制",即直接和间接的资助并存,以间接为主,已经形成相对完善的体系,取得了很好的成效。[①]

根据中国教育部统计资料,拉脱维亚 2012/2013 学年度在校学生 43.2万人,其中高等院校 9.0 万人。根据中国教育部"教育涉外监管信息网"截至 2015 年 6 月的信息,拉脱维亚教育质量和学术研究具有较高水平的高等院校主要包括:陶格夫匹尔斯大学、拉脱维亚农业大学、拉脱维亚大学、利耶帕亚大学、里加斯坦丁斯大学、里加技术大学等。

表8.1 拉脱维亚部分高等院一览表

序号	院 校 名 称	性质
1	陶格夫匹尔斯大学(Daugavpils University)	公立
2	拉脱维亚农业大学(Latvia University of Agriculture)	公立
3	拉脱维亚大学(University of Latvia)	公立
4	利耶帕亚大学(Liepaja University)	公立
5	里加斯坦丁斯大学(Riga Stradins University)	公立
6	里加技术大学(Riga Technical University)	公立

资料来源:中国教育部涉外教育监管信息网 www.jsj.edu.cn。

---

① 以上信息整理自《成都师范学院学报》第 29 卷第 4 期中王岩所写的《拉脱维亚教育改革:概况、特点及启示》。

8.3　概要总结

　　拉脱维亚受总人口的限制,教育体量不大,但是作为波罗的海沿岸国家,拉脱维亚因其地缘便利性以及波罗的海三国的整体国际影响力,教育国际化程度不断提升,国内知名大学均开设有面向国际生的英语授课课程。近年来,随着中国—中东欧国家合作快速发展的良好势头,"波罗的海国际教育展"对中国及其他国家和地区的吸引力、号召力不断提高,2014年9月在拉脱维亚首都里加举办的第九次教育展就吸引了来自世界15个国家的近90所高等和中等学校以及教育机构参加。

　　拉脱维亚已加入博洛尼亚进程,高校普遍实行学士、硕士和博士三级学位制度及欧洲学分转换系统(ECTS)。一般情况下,无论是大学还是其他高等教育机构大都同时开设学术课程和专业课程,具体分为:可申请学术学位的学术课程:学士约3—4年,硕士约2年;可申请专业学位和专业资格证书的高等专业课程:专业学士约4年,专业硕士约2年;可申请博士学位(科学学位)的博士课程,约3—4年。通常本科毕业生可以继续攻读学术和专业型的硕士学位,硕士毕业生无论是学术型的还是专业型的都可以继续攻读博士课程。拉脱维亚高校主要以拉脱维亚语教学,但大多数高校都能提供英语和俄语两种外语课程,外国学生到拉脱维亚学习必须熟练掌握所需的教学语言。

　　拉脱维亚大学是该国历史最悠久、规模最大的大学,其历史可以追溯到1862年成立的里加理工学院。1919年9月28日,在里加理工学院的基础上成立了拉脱维亚学院,1923年改称拉脱维亚大学。该校重视教育国际化发展,2014 年在校生 14 020 人,其中国际生 625 名,交换生 1 008 人;专任教师 822 人,其中拥有博士学位的 631 人,国际职员 93 人。该校重视质量管理,已建立比较完备的质量保证体系,且该体系依据《欧洲高等教育质量保证标准与指南》以及拉脱维亚国内相关法律不断完善。经济和管理学院是该校最大、历史最悠久的学院,其培养经济学者的历史可以追溯到 1919 年 9 月建校之初,目前该学院提供管理类学科本、硕、博各层次人才培养,同时面向国际生开放。①陶格夫匹尔斯大学是一所公立综合性大学,是国内第二大规模的传统院校。陶格夫匹尔斯大学成立于 1921 年,目前是拉特加莱地区最大的教育机构,现有约 3 200 名学生就读。该校的优势在于多元化的教育环境,目前与 80 家研究机构合作。该校现已成为欧洲大学协会成员,并加入了国际伊拉斯谟计划,在 19 个国家拥有 60 个合作伙伴,国际化程度较高。②列举拉脱维亚大学以及陶格夫匹尔斯大学等拉脱维亚知名高校的情况,我们不难发现,拉脱维亚十分重视教育国际化及高等教育质量管控,但是囿于中东欧整体教育发展水平相对滞后、对高端管理类人才吸引力不足等原因,至今该国并没有一所管理学高校或学科专业通过 EQUIS 国际认证。

---

① 拉脱维亚大学官网资料。
② http://school.nihaowang.com/55290.html.

第 9 章

立陶宛高等教育

9.1 立陶宛国家概况①

立陶宛共和国位于波罗的海东岸,与爱沙尼亚、拉脱维亚并称为"波罗的海三国",面积 6.53 万平方千米,人口 289.1 万(2015 年),立陶宛族占 84.2%,波兰族占 6.6%,俄罗斯族占 5.8%,此外还有白俄罗斯、乌克兰、犹太等民族,主要信奉罗马天主教,此外还有东正教、新教路德宗等,官方语言为立陶宛语,首都维尔纽斯(Vilnius)。立陶宛是欧洲湖泊最多的国家之一,面积超过 0.5 公顷的湖泊有 2 834 个,湖泊总面积超过 880 平方公里;气候介于海洋性气候和大陆性气候之间,森林覆盖率达 33.4%,森林和水资源丰富。立陶宛曾先后被沙俄、德国、波兰、苏联占领统治;1991 年 9 月

---

① 部分资料整理自中华人民共和国外交部:立陶宛国家概况[DB/OL],2016 年 1 月,http://www.fmprc.gov.cn/web/gjhdq_676201/gj_676203/oz_678770/。

苏联国务委员会承认立陶宛独立,同年 9 月 17 日加入联合国;2004 年 3 月
加入北约,同年 5 月成为欧盟成员国。立陶宛 2001 年 5 月正式加入世界
贸易组织,近年来经济持续较快增长,实体经济趋于改善,工业产值稳步回
升,国内消费快速回暖,出口明显回升,失业率有所下降,通货膨胀率明显
降低;2014 年国内生产总值 482.3 亿美元,人均国内生产总值 16 386 美元,
通货膨胀率 0.1%,失业率 10.7%,经济总量居中东欧十六国第九位。根据
联合国开发计划署(UNDP)发布的《2014 年人类发展报告》,立陶宛的人类
发展指数(HDI)0.839,属于极高人类发展水平组,排名第 37 位,其中教育
指数 0.868,属于极高教育发展水平组。

9.2　高等教育

立陶宛教育管理机构主要是教育和科学部、议会教科文委员会和国家
科学委员会。重大教育问题由议会或政府与国家科学委员会协商决定。
采取 10 年基础教育制度,即初等小学(1—4 年级)、基础中学(5—10 年
级)。基础中学毕业后,学生可选择进入高级中学(2 年)、职业学校(3—4
年)、音乐学院(6 年)或职业教育中心。高级中学毕业后可进入高校进行
为期 4—5 年的本科学习。此外,立陶宛还设强化高中(通常为私立中学)
(4 年)、特殊教育学校(为残疾儿童而设)和青年学校等。[1]

立陶宛有超过 40%的劳动力受过较高水平的教育,是欧洲人均受教育
水平较高的国家之一。这主要得益于立陶宛政府重视教育,且拥有较完善

---

[1]　http://www.fmprc.gov.cn/mfa_chn/gjhdq_603914/gj_603916/oz_606480/1206_607064/.

的教育体制。立陶宛拥有的高素质人力资源，是其吸引外资的重要优势之一。立陶宛现有教育体制形成于 1990 年，历经三个阶段的改革与完善。第一阶段 1990—1997 年，针对国家恢复独立后各方面情况的变化，重点对教学内容进行了改革。第二阶段 1998—2002 年，着力完善教育体制，将 9 年义务教育增加为 10 年。第三阶段是从 2002 年之后，为适应知识经济发展的需要，立陶宛政府制定了《2003—2012 年国家教育发展战略》，主要内容包括：采取措施完善教育体制，提高教学质量，重视科技和信息技术；确立尽快实现教育支出占 GDP 的 6％以上的目标；在未来 10 年内，更新 80％的学校基础设施，提高信息化教学水平；实现超过 60％的公民能够获得高等教育或同等水平的成人教育，15％以上劳动力人口每年可以获得培训或再教育，85％以上的立陶宛公民能够熟练使用电脑和网络等目标；扩大教育资金来源，重视使用欧盟援助资金及吸引私人投资等发展教育产业。目前，立陶宛已经形成了包括学前教育、小学、中学、职业中学、大专、大学和成人教育等较为完备的教育体制。

2007—2013 年，立陶宛共获得约 90 亿欧元的欧盟各类援助资金。在立陶宛使用欧盟援助基金的七年规划中，立陶宛重视发展适应知识经济的人力资源，预算使用资金 10.28 亿欧元用于提高劳动者素质和劳动生产率。同时，立陶宛利用基金支持科研创新和信息技术的发展，重点支持生物技术、纳米、机电、激光、信息等高科技科研及产业的发展，预算使用基金 13.38 亿欧元。

立陶宛有较为完善的高等教育体制，分为学院和大学两种类型。2012—2013 学年，立陶宛全国共有大学 23 所，学院 27 所，在校大学生 113 800 名，教师 9 809 人。主要高等院校有：维尔纽斯大学、维尔纽斯师范大学、盖迪米纳斯理工大学、考纳斯维陶塔斯大学、考纳斯理工大学、考纳斯医学院和立陶宛军事学院等。维尔纽斯大学创建于 1579 年，是立陶宛最著名的综合性大学,也是欧洲最古老的高等学府之一,现有学生 2.2 万名。①

表9.1 立陶宛高等院校一览表

序号	学校名称(中英文)	性质
1	维尔纽斯大学②(Vilniaus Universitetas)	公立
2	米科拉斯·罗梅里斯大学③(Mykolo Romerio Universitetas)	公立
3	考纳斯理工大学④(Kaunas University of Technology)	公立
4	维尔纽斯皇家理工大学(Vilnius Gediminas Technical University)	公立
5	立陶宛教育科学大学⑤(Vilnius Pedagogical University)	公立
6	维尔纽斯科技大学(Vilniaus University of Technology)	公立
7	考纳斯大学(Kaunas University)	公立
8	立陶宛农业大学(Lithuania Agricultural University)	公立
9	乌田纳应用科学大学(Utena University of Applied Science)	公立
10	维陶塔斯马格纳斯大学(Vytautas Magnus University)	公立
11	亚历山大斯图津大学(Aleksandras Stulginskis University)	公立
12	克莱佩达大学⑥(Klaipėda University)	公立
13	LCC 国际大学(LCC International University)	私立
14	希奥利艾大学(Šiauliai University)	公立
15	立陶宛音乐戏剧学院(Lithuanian Academy of Music and Theatre)	公立
16	立陶宛健康科学大学⑦(Lithuanian University of Health Sciences)	公立

① http://www.fmprc.gov.cn/mfa_chn/gjhdq_603914/gj_603916/oz_606480/1206_607064/.
② 维尔纽斯大学全称为维尔纽斯卡普苏斯大学,是一所综合性大学。维尔纽斯大学有着悠久的历史。它始建于 1579 年,比莫斯科大学早建 176 年,是东欧最古老的高等学府之一。
③ 米科拉斯·罗梅里斯大学是全国规模第二。大学名称是为了纪念立陶宛宪法之父米科拉斯·罗梅里斯。
④ 考纳斯理工大学以工科为主,主要任务是培养工程师并为已从业工程师提供短期培训。
⑤ 原名维尔纽斯师范大学,2011 年 10 月更名为立陶宛教育科学大学。前身系 1935 年创建的克莱佩达高等教育学校,1939 年先后迁址至帕涅维热和维尔纽斯,1992 年 4 月由学院升格为大学。
⑥ 克莱佩达大学成立于 1991 年,是一家多学科的综合性大学。
⑦ 立陶宛健康科学大学是在合并了考纳斯医科大学及兽医学院的基础上成立的。成立于 1922 年的考纳斯医科大学是立陶宛最大的医科大学,是立陶宛医学教育培训中心,同时也是"世界医学院名校名录"的一员。

续表

序号	学校名称（中英文）	性质
17	法律商业国际学院（International Law and Business Higher School）	私立
18	立陶宛海事学院（Lithuanian Maritime Academy）	公立
19	立陶宛美术学院（Vilnius Academy of Fine Arts）	公立
20	维尔纽斯设计学院（Vilnius College of Design）	私立
21	维尔纽斯大学国际商学院（International Business School at Vilnius Universit）	私立
22	ISM 经济管理大学（ISM University of Management and Economics）	私立
23	SMK 应用社会科学大学①（SMK University of Applied Social Sciences）	私立
24	维尔纽斯应用科学大学（Vilnius University of Applied Science）	私立

9.3 概要总结

立陶宛高等教育历史悠久,早在 16 世纪,当时最古老的大学刚刚成立之时,立陶宛已经在本国和周边国家的教育文化生活中扮演着重要角色。立陶宛政府重视教育,拥有较完善的高等教育体制。该国超过 40％的劳动力受过较高水平的教育,是欧洲人均受教育水平较高的国家之一。这与该国对于教育的大力投入以及持续的结合国际教育发展趋势的综合改革是密不可分的。立陶宛拥有优秀的大学和学院,其高水平的教育质量在欧洲得到广泛认可。立陶宛的大学毕业生凭借其优秀的知识和技能得到全世

---

① SMK 应用社会科学大学成立于 1994 年,是立陶宛第二大私立院校。

界的广泛认同。

立陶宛独立后,实行了与欧洲统一的三级学位体制,即第一级学士、第二级硕士与专家、第三级博士,即与国际接轨的同时,保留了苏联时期的"专家"资格称号。立陶宛高校的管理先进,国际化合作发展程度较高。除了维尔纽斯大学等综合性大学在有关方面表现突出外,其他高校也并不逊色。比如成立于 1922 年的考纳斯医科大学是"世界医学院名校名录"的一员,同时是欧洲大学协会(EUA)、欧洲公共卫生协会(ASPHER)、欧洲医科大学协会(AMSE)、欧洲医学教育协会(AMEE)、欧洲生物医学与健康科学博士教育系统(ORPHEUS)等机构或组织的会员单位。再比如考纳斯理工大学,在历史上的教育大变革中起着主导作用,当时该校将被摒弃半世纪之久的商业研究课程和各类商业学位重新纳入大学体系,对未来该国高校管理学科的发展做出了突出贡献。该校的管理模式采用的是西欧名牌大学的管理模式,吸收了主要竞争对手的长处和学术强项,取其精华,去其糟粕,这也使得考纳斯理工大学很快脱颖而出,成为立陶宛顶尖高校。立陶宛的高等教育非常重视学以致用,比如成立于 2000 年的乌田纳应用科学大学,是立陶宛唯一一所提供"问题教、学"系统的院校,向学生提供直接面向实践活动、应用研究及专业活动的大学学习,其中有 9 个学习课程是基于问题解决方法的模块学习系统。大学设有商业及科技学院、医疗保健及社会福利学院,学生的学习会根据欧洲国家和立陶宛劳动市场要求来开展,毕业生们往往能成功融入劳动市场并建立自己的职业。值得一提的是,该校扩展了伊拉斯谟大学的章程,跟国内及来自拉脱维亚、保加利亚、希腊、挪威、英国及其他欧洲高等院校都有合作。学生可以参加国际流动课程,获得双学位。

立陶宛 2000 年颁布《高等教育法》和其他系列法律,引入了更多的筹集教育资金的方案,如高校与企业联系等,但政府仍然是高等教育的主要资助来源。办学体制方面,立陶宛高等教育呈现出多样化的态势,但对私立高校并未放开发展,属于波罗的海三国中发展较为缓慢的国家。但立陶宛作为波罗的海三国之一,善于利用"波罗的海三国教育展"等平台推介自己的高校,同时引进先进的教育资源和理念。同时,该国积极参与"中国—中东欧国家合作"这一朝阳平台,并与包括中国在内的众多新兴教育大国展开国际合作。虽然目前立陶宛没有一所院校或机构通过 EQUIS 认证,但是相信该国悠久的高等教育传统、完备的教育体系、先进的管理模式以及良好的基础设施等因素将助力越来越多的高等院校或机构通过 EQUIS 等国际认证。

第 10 章

马其顿高等教育

10.1 马其顿国家概况[①]

马其顿共和国位于欧洲巴尔干半岛中部,面积 2.57 万平方千米,人口 210.7 万(2013 年),其中马其顿族占 64.18%,阿尔巴尼亚族占 25.17%,土 耳其族占 3.85%,吉普赛族占 2.66%,塞尔维亚族占 1.78%,居民多信奉东 正教,少数信奉伊斯兰教,官方语言为马其顿语,首都斯科普里(Skopje)。 马其顿矿产资源比较丰富,森林覆盖率达 35%,气候以温带大陆性气候为 主。马其顿地区古为希腊文明北端的边疆地区,深受古希腊文明的影响, 马其顿地区长期处于拜占庭和土耳其统治之下;历史上马其顿地区纷争不 断,在两次巴尔干战争以及世界大战过程中,该地区往往被大国占领或左

[①] 部分资料整理自中华人民共和国外交部:马其顿国家概况[DB/OL],2014 年 8 月,http://www. fmprc.gov.cn/web/gjhdq_676201/gj_676203/oz_678770/。

右;1991 年 11 月,马其顿从原南联邦宣布独立;1993 年 4 月,马其顿以"前南斯拉夫马其顿共和国"的暂用名加入联合国。近年来,马其顿国内政局保持基本稳定;独立后,马其顿经济深受前南危机影响,后又因国内安全形势恶化再遭重创;近年来,随着国内外环境的改善和各项改革措施的推进,马其顿经济有所恢复和发展。2013 年国内生产总值 102.2 亿美元,人均国内生产总值 4 851 美元,通货膨胀率 2.8%,失业率 28.6%,经济总量居中东欧十六国倒数第二位,经济上属于发展中国家。根据联合国开发计划署(UNDP)发布的《2014 年人类发展报告》,马其顿的人类发展指数(HDI)0.747,排名第 81 位,其中教育指数 0.68。

10.2 高等教育

全国普及 9 年制义务教育。教育经费占 GDP 的 5%。2009/2010 学年度共有初级学校(小学和初中)在校学生 208 980 人。中等学校(高中、职业学校)在校学生 94 284 人。高等学校在校学生 57 894 人。主要高校有:斯科普里大学、比托拉大学、泰托沃大学等。[①]马其顿教育机构以公立为主,占99.6%,如果学生数超出了学校的容纳量,将会组织入学考试。全国共有 5所公立大学和 17 所私立大学,此外还有一所私立学院。马其顿的学校体制具体见表 10.1:

---

① 节选自外交部官网马其顿国家简介,网址 http://www.fmprc.gov.cn/mfa_chn/gjhdq_603914/gj_603916/oz_606480/1206_607184/。

表 10.1　马其顿的学校体制

教 育 类 别		年龄段
高等教育 （higher education）	University（PhD.）	23—26 岁
	University（Master）	21—23 岁
	University（Bachelor）	19—21 岁
	Higher vocational school	
中等教育 （secondary）	General Secondary School	15—18 岁
	Artistic Secondary School	
	Vocational Secondary School	
义务教育 （compulsory）	Primary School	7—10 或 7—14 岁
	Pre-school	6 岁
幼儿教育（kindergarten）		3—5 岁

资料来源：根据马其顿驻华使馆有关材料整理。

马其顿高等教育发展注重法制化发展。该国于 2000 年 6 月颁布《高等教育法》，为高校和高等教育改革奠定了法律基础；2003 年，《高等教育法修正案》获得通过，为以本科、硕士、博士三阶段教育为基础的高等教育体系奠定了法律基础；《高等教育法》的最近次修订时间是 2008 年。马其顿教育和科学部负责教育相关事务，教育委员会、马其顿教育学院和教育视察团是该部的组成部分。2003 年 10 月组建的高等教育发展与财政委员会具体负责高等教育财政事务的规划、执行与发展；国家教育评估院和高等教育认证委员会是高等教育质量保证体系的主要负责机构。在马其顿，进入高校需要通过入学考试，高校的本科生课程一般是 4 年，部分专业学科需要学习 5 年，医学生需要学习 6 年。硕士研究生学习一般是 1.5 年至 2 年，博士研究生阶段至少需要 3 年。首都斯科普里是受教育程度最高地区,据 2002 年的人口普查,斯科普里 60 多万人口中,有 193 425 人接受过高中教育,有 107 408 人则只接受过义务教育;另外有 14 194 人进入大学学习,49 554 人有学士学位,1 777 人有硕士学位、1 682 人有博士学位;有 11 259 人未受过教育,有 28 292 人接受教育不足;10 岁以上的斯科普里市民的识字率为 97.5%,比全国平均值 96.1% 略高。因为马其顿全国总人口的三分之一居住在斯科普里,所以可以从斯科普里接受高等教育人数的比例约 2.3%,大致推断出马其顿高等教育发展水平还比较低。

马其顿高等教育发展历程不长,高等院校知名度不高,基本集中在首都斯科普里,生源基本都是本国学生,其中最具历史的大学是圣基里尔·美多德大学,创建于 1949 年。

表 10.2　马其顿公立大学一览表

中文名称	英文名称
圣基里尔·美多德大学①	University of St. Cyril and Methodious in Skopje
圣克莱门特奥赫里德大学—比托拉大学②	University of St. Kliment Ohridski in Bitola
泰托沃国立大学③	State University in Tetovo
斯蒂普戈采·德尔契夫大学④	The University of Goce Delcev in Stip
比托拉行政和信息系统管理学院	Faculty on Administration and Information Systems Management, within the University of "St. Clement of Ohrid" in Bitola

---

① 马其顿历史最久的高校。建校之初只有 3 个学院,现在则扩大至 23 个学院,10 个研究机构,有 36 000 人学生。该校常被简称为斯科普里大学。
② 该校常被简称比托拉大学,建于 1979 年,全校共有 6 个学院和 2 个研究机构。
③ 该校有 4 个学院和一所高级技术学校。
④ 建于 2007 年,共有 13 个学院。

10.3　概要总结

马其顿属于中东欧地区发展中国家,经济社会发展相对滞后,教育水平有待进一步提高。作为《博洛尼亚宣言》签约国,马其顿的高等教育体制与欧洲其他国家基本一致,采用三级学位体系,适用学分转换系统,并不断建立使国内高等教育与欧洲相关标准相一致的法律框架和体系。该国独立以来,新设立的大学几乎都是私立大学,体现了民间力量对于兴办高等院校的热情以及高等教育在民众心中的重要性和认可度。囿于国家吸引力较弱以及高等院校教学质量偏低、知名度不高等原因,马其顿高校的国际合作不算活跃,但是并不意味着其在国际合作办学方面没有发展,比如2001 年便设立了欧洲大学,还设有美国学院斯科普里大学等。作为博洛尼亚进程的积极参与方,马其顿的高等教育体制和相关发展目标是向欧洲教育强国看齐的,这种较高的参照系一方面使该国高等教育发展理念先进、体系设计相对合理,但是另一方面也带来了该国总是要跳起来才能摘到葡萄的疲惫感,毕竟马其顿的经济社会发展水平在一定程度上决定了它的高等教育发展是一个长期的过程。

马其顿目前并没有一所管理学高校或学科专业通过 EQUIS 国际认证。相信随着该国经济社会发展水平不断提高,随着比较"年轻"的高等院校的经验积累,未来会有马其顿高校进入相关的国际认证名录。

第 11 章

黑山高等教育

11.1 黑山国家概况[①]

黑山位于欧洲巴尔干半岛中西部,面积 1.38 万平方千米,人口 62 万 (2011 年),其中黑山族占 44.98%,塞尔维亚族占 28.73%,波什尼亚克族 占 8.65%,阿尔巴尼亚族占 4.91%,主要宗教是东正教,官方语言为黑山 语,首都波德戈里察(Podgorica)。黑山森林和水利资源丰富,森林覆盖率 达 39.43%,气候依地形自南向北分为地中海式气候、温带大陆性气候和山 地气候。黑山历史上与其他中东欧国家类似,多次被大国军事占领和政治 干涉;1992 年 4 月,塞尔维亚与黑山两个共和国联合组成南斯拉夫联盟共 和国;2003 年 2 月,南斯拉夫联盟共和国更名为塞尔维亚和黑山;2006 年 5

---

① 部分资料整理自中华人民共和国外交部:黑山国家概况[DB/OL],2014 年 3 月,http://www.fmprc. gov.cn/web/gjhdq_676201/gj_676203/oz_678770/。

月,黑山就独立问题举行全民公决并获通过,同年 6 月,黑山议会正式宣布独立;2006 年 6 月,黑山加入联合国。独立后,黑山政局稳定;黑山经济对外依存度高,旅游、建筑等产业是黑山经济重要组成部分。2012 年国内生产总值 32.2 亿欧元,通货膨胀率 3.6%,失业率 12.9%,经济总量居中东欧十六国倒数第一位。根据联合国开发计划署(UNDP)发布的《2014 年人类发展报告》,黑山的人类发展指数(HDI)0.802,排名第 49 位,其中教育指数 0.794。

11.2　高等教育

黑山高等教育是以法律为支撑建立起来的制度体系。《黑山高等教育法》(*Law on Higher Education in Montenegro*)于 2003 年 10 月获准通过。同年,黑山成为博洛尼亚进程计划成员国。2010 年 7 月 27 日,黑山议会通过了高等教育法的修订。2011 年 9 月,该法再次完善,主要解决博洛尼亚进程引入之前学生所面临的问题(这批学生同样也可以按博洛尼亚进程的执行标准进一步深造,但是需在 2013 年之前完成最后的学习项目)。该法的新颖之处主要在于:(1)完整的大学体制;(2)三级学业晋升模式(即学士—硕士—博士);(3)欧洲学分转换系统;(4)成立了国家高等教育委员会;(5)在国内外开展高等教育质量评估。该法在成立之初,黑山只有一所高等教育机构,即黑山大学,但是该法为之后私立高等教育机构(如地中海大学、下戈里察大学等)的成立创造了可能,且提供了法律保障。

黑山高等教育培养项目及学业资格认证体系主要如下:一是本科教育,又分为学术研究本科教育和应用研究 BAPP 本科教育,学制一般为 3

年(部分学术研究本科教育为 4 年)。二是硕士研究生教育,在学术学士或应用学士之后,再进行 1 年即 2 个学期的硕士课程学习,并通过相应考核,可获得专业硕士学位;学术学士再进行 2 年即 4 个学期的硕士课程学习,并通过相应考核,可获得学术硕士学位。三是博士研究生教育。博士教育仅限于学术硕士生报考,学制一般为 3 年。

黑山教育体育部(MES)[1]是黑山高等教育政策的最高负责部门。2003 年,黑山通过高等教育法,高等教育委员会由此成立,主要负责国家高等教育的评估工作。由高等教育委员会提议,2010 年,黑山通过了高等教育法修订条款。高等教育委员会有 13 个成员,包括国家总统在内,每四年由政府重新任命一次。大学内部治理结构由董事会(由 13 个成员组成)、校长、决策委员会(Senate,分别副校长、各学院代表、学生代表等组成)、专业委员会等,均以大学章程为原则,各司其职。

黑山高等教育由国家教育体育部提交高教财政预算,结合高等教育委员会的提议,政府负责具体的高教财政分配与支出,范围涉及专职教师的工资、行政人员的工资、实物成本及约 40％学生的学费(剩余 60％为自费)等。依照 2010 年修订的高等教育法,无论公立还是私立高等院校,学生同样享有如下权利:学生食宿、助学贷款、奖学金、交通费用(学生)、专业培训和医疗保障等。

黑山高等教育施行资格认证与质量评估制度。资格认证过程是黑山高校学习培养项目建立的第一步。通过外部评估审查,由国家教育体育部颁发办校资格后,高校才有资格开展这些学习项目。办学资格证决定着高校的性质类型、学习培养项目、招生规模及学历证书。初次申请认证期为三年,之后每五年重新评估一次,不合格者由教育体育部撤销资格认证。

---

① http://wbc-inco.net/object/organisation/10906(黑山教育、体育部)。

质量评估包括校内与校外两种评估形式。校内自评主要包括课程设置、教学设备、教职员工水平、教学方法、毕业率、就业率等内容,学校每年要形成书面质量报告。外部评估人员由国内国际专家组成,分别来自七个不同的专业领域。黑山大学于 2008 年在"奥地利世界大学服务"与项目的支持下,成立了质量评估中心。

　　黑山高等教育尽管规模不大,但比较重视国际合作项目。黑山于 2001 年起实行高教改革,至今仍在进行中,旨在实现博洛尼亚进程设定的目标。为实现这一目标,黑山高校团体所做的努力主要有:黑山大学分析学校开设课程与市场人才需求的关系,协调学习项目的设置,以提升毕业生的就业率;2010 年 12 月通过国家职业资格认证法,成立质量评估中心;2011年,通过外国学历与国内相关专业学习相互认证等国际学业资格认证方面的立法。目前,黑山加入的国际高教项目主要有"博洛尼亚进程"计划、坦普斯(TEMPUS)计划、伊拉斯莫(ERASMUS)世界之窗奖学金计划。[1]

　　黑山高等教育机构类型分为公立大学、私立大学、私立学院等。截止

表 11.1　黑山高等院校一览表

学 校 名 称	性 质
黑山大学(University of Montenegro)[2]	公立
地中海大学(Mediterranean University)[3]	私立
下戈里察大学(Donja Gorica University)[4]	私立

[1] 以上信息整理黑山高等教育法和自欧洲委员会的 TEMPUS 计划文件。

[2] 黑山大学成立于 1974 年 4 月 29 日,是黑山唯一的国立大学。一年之后,更名为 Veljko 弗拉霍维奇大学。1992 年,更名为黑山大学。黑山大学顺应符合时代潮流,为黑山共和国的发展提供智力支撑和人才支持。黑山大学现共有 20 个院系、3 个研究所和 2 个独立的研究项目。在黑山无中国自费留学生。学院分布在全国 5 个主要城市,大学总部位于首都波德戈里察。

[3] 地中海大学成立于 2006 年 5 月 30 日,是黑山的第一所私立高校,是巴尔干联盟大学成员之一。该大学共有 6 个学科院系,旅游管理专业设有博士点。

[4] 下戈里察大学大学成立于 2007 年,是黑山的第二所私立大学,共有 6 个学科院系,分别是:国际经济金融商学院、法学院、信息系统技术学院、人文研究学院、艺术学院和理工学院,另外设有外语中心。

到 2012 年,黑山共有高等教育机构 9 个,其中公立大学 1 所,即黑山大学;私立大学 2 所,分别为地中海大学和下戈里察大学;私立学院 6 所。截止到 2012 年,黑山高校在校生为 26 200 人,其中 21 000 人左右就读于公立大学,5 200 就读于私立高等教育机构。

11.3　概要总结

　　黑山政府重视国家教育,教育投资占国家 GDP 的 7.2%,超过经合组织国家 6.1%的平均水平。该国高等教育发展历史不长,但是以法律为根基架设的高等教育体系较好地实现了与世界教育发达国家的对接,也不失为一种"后发优势"。较高的教育投入、较好的立法保障等因素使得黑山整体教育处在较高的水平。近年来,由于黑山人口规模小且人口增长缓慢、欧洲其他国家高校加大吸引海外生源力度等,该国高校生源出现了减少的趋势,这也让黑山大学、地中海大学等高校不断重视国际合作。2011 年 11 月,黑山大学与美国罗切斯特理工学院开展理学硕士合作办学项目,主要有:服务引领和创新项目管理两个研究项目。在成功完成学业后,学生将获得双学位。合作办学项目的教师需要用英语教学。为适应黑山经济文化一体化和欧洲的发展趋势,该校设立了项目研究中心,加强学校与商业的关系纽带,并开展与政府部门及国内外其他高校的合作,如黑山经济和旅游部、商务部、瓦赫宁根大学、德布勒森大学、匈牙利大学、荷兰大学、苏格兰农业学院、布达佩斯商学院、黑山大学等等。地中海大学与其他学校的合作项目主要有:教师与学生交流、共同研究项目、参加研讨会等学术会议,专业培训课程及其他活动来促进学术合作。①此外,下戈里察大学于

①　以上信息整理自 http://en.wikipedia.org/wiki/Mediterranean_University。

2014 年 9 月加入了新成立的"中国—中东欧国家高校联合会",一定程度上体现了黑山高校希望通过新的国际合作平台宣传该国优质高等教育资源、吸引国际生源的诉求。

黑山是一个既古老又年轻的国度,虽然政府重视教育的投资与发展,但高等教育的发展仍有不足,其中经济学发展较强,但管理类的学科发展水平仍然有限。大概因其波折不断的发展历史,大多关于黑山国家的研究集中在政治历史领域;此外,由于国家的地理位置及独特的自然风光以及历史上侵略者留下的历史痕迹,观光旅游成为国家经济发展的一大特色,故对黑山国家旅游状况的研究也占一定的比例。

在种种因素的共同影响下,黑山管理学科发展相对滞后,该国并没有一所管理学高校或学科专业通过 EQUIS 国际认证。但是应该注意到,黑山拥有"依法治教"的良好传统,高教改革不断推进,政府、高校都十分重视评估和认证;此外,近年来黑山积极参与相关国际合作,比如 2015 年 2 月,黑山首家孔子学院——黑山大学孔子学院揭牌仪式在黑山大学隆重举行,黑山总统武亚诺维奇与中国驻黑山大使崔志伟共同为黑山大学孔子学院揭牌。相信在此基础上,龙头高校黑山大学借助其较好的学术底蕴、较广泛的国际合作,能够在不久的将来在 EQUIS 等国际认证体系中拥有一席之地。

黑山目前正在积极加入欧盟,政府目前的时间表显示争取 2020 年正式加入。近期,围绕入盟,黑山各系统都在参照欧盟的相关标准进行改革和完善,这其中包括高教领域向诸多国际认证标准靠拢[1]。

---

[1] 黑山大学英文网站建设滞后,但是该情况有望在 2015 年 10 月得到明显改变,目前学校已经通知教职员工将自己掌握的相关信息和资料翻译成英文纳入学校网站,这表明黑山加入欧盟的一种积极态度与具体行动。资料来自 2015 年 9 月 7 日与黑山大学经济学院教授座谈。

第 12 章

波兰高等教育

12.1　波兰国家概况[①]

　　波兰共和国位于欧洲中部,面积31.26万平方千米,人口3 849万(2015年),其中波兰族约占98%,此外还有德意志、白俄罗斯、乌克兰、俄罗斯、立陶宛、犹太等少数民族,全国约90%的居民信奉罗马天主教,官方语言为波兰语,首都华沙(Warsaw)。波兰属于海洋性向大陆性气候过渡的温带阔叶林气候,主要矿产有煤、页岩气、硫磺、铜、锌、铅、铝、银等,森林覆盖率30.8%。波兰历史上曾经历过近200年的鼎盛时期;1772年、1793年和1795年三次被沙俄、普鲁士和奥匈帝国瓜分,1918年11月恢复独立;1939年9月,法西斯德国入侵波兰,第二次世界大战全面爆发;1989年6

[①]　部分资料整理自中华人民共和国外交部:波兰国家概况[DB/OL],2016年1月,http://www.fmprc.gov.cn/web/gjhdq_676201/gj_676203/oz_678770/。

月,曾被波兰当局宣布为非法组织的团结工会成立了以其为主体的政府,同年 12 月,议会通过宪法修正案,改国名为波兰共和国;1999 年加入北约,2004 年 5 月正式加入欧盟,2007 年 12 月成为申根公约会员国。1989 年剧变后,波兰采用"休克疗法"导致经济一度下滑;1992 年起经济止跌回升,并逐步成为中东欧地区发展最快的国家之一;加入欧盟后,经济曾经突飞猛进;世界银行和国际金融公司联合发布的《2013 年营商环境年度报告》指出,波兰是自 2005 年来致力于营商环境改善速度最快的欧盟经济体。2014 年国内生产总值 5 480 亿美元,人均国内生产总值 14 423 美元,通货膨胀率 0.6%,失业率 9.1%,经济总量居中东欧十六国第一位,居欧盟成员国第 8 位。根据联合国开发计划署(UNDP)发布的《2014 年人类发展报告》,波兰的人类发展指数(HDI)0.843,属于极高人类发展水平组,排名第 36 位,其中教育指数 0.824,属于极高教育发展水平组。

12.2　高等教育

　　波兰高等教育体系包括本科教育、硕士教育、博士教育三个阶段。第一阶段本科教育,学制 6—8 个学期,授予学士学位;第二阶段硕士教育,学制 3—4 个学期,授予硕士学位;第三阶段博士教育,学制 6—8 个学期,授予博士学位。还有本硕连读项目,学制为 10—12 个学期,授予硕士学位。

　　波兰于 2005 年 7 月 27 日颁布修改后的《高等教育法》。根据该法规定,公立高等教育机构的设立、撤销、合并或更名,须经国会法案批准;非公立高等教育机构的设立和学位授予,则须经主管高等教育的科学和高等教育部长批准。波兰高等教育体系属于欧洲学分转换体系(ECTS),在波兰高校取得的学分可以得到其他 ECTS 成员国的认可。大多数波兰高等教育机构提供英语授课。

波兰认证委员会(Polish Accreditation Committee)负责对波兰高等教育机构的教学质量进行监督。委员会的宗旨是督促波兰高等教育机构(公立和非公立)改进教学质量,提高教学标准,以达到欧洲和全球先进水平。委员会还对高等教育机构进行学术质量评估,如果得出负面评价,科学和高等教育部长有权撤销或中止其进行研究的权利。

波兰的高等教育机构(HEIs)分为国家(公立)和私人(非公立)机构两大类。这些机构又可以分为两大类:大学类机构和非大学类机构。大学类的高等教育机构必须至少有一个专业有权颁发博士学位(PhD),即提供至少一门博士课程。表 12.1 为公立和大学类非公立的高等教育机构的名单。①

表 12.1　波兰教育部网站公布的高等院校一览表

序号	院 校 名 称	学校类型	网　　址
1	波兹南密茨凯维奇大学 Adam Mickiewicz University in Poznan	综合性	www.amu.edu.pl
2	维申斯基红衣主教大学 Cardinal Stefan Wyszynski University	综合性	www.uksw.edu.pl
3	克拉科夫雅盖隆大学② Jagiellonian University in Cracow	综合性	www.uj.edu.pl
4	卢布林天主教大学 (John Paul II University of Lublin)	综合性	www.kul.pl
5	彼得哥熙卡基米日维尔基大学 (Kazimierz Wielki University in Bydgoszcz)	综合性	www.ukw.edu.pl

① http://www.go-poland.pl/zh-hans/higher-education-institutions。
② 克拉科夫雅盖隆大学始建于 1364 年,是欧洲最古老的大学之一。

续表

序号	院 校 名 称	学校类型	网　址
6	玛利亚·居里-斯克沃多夫斯卡大学 (Maria Curie-Sklodowska University in Lublin)	综合性	www.umcs.lublin.pl
7	托伦尼古拉·哥白尼大学 (Nicolaus Copernicus University in Torun)	综合性	www.umk.pl
8	比亚威斯托克大学 (University of Bialystok)	综合性	www.uwb.edu.pl
9	格但斯克大学 (University of Gdansk)	综合性	www.univ.gda.pl
10	罗兹大学 (University of Lodz)	综合性	www.uni.lodz.pl
11	奥波菜大学 (University of Opole)	综合性	www.uni.opole.pl
12	热舒夫大学 (University of Rzeszow)	综合性	www.ur.edu.pl
13	卡托维兹西里西亚大学 (University of Silesia in Katowice)	综合性	www.us.edu.pl
14	什切青大学 (University of Szczecin)	综合性	www.us.szc.pl
15	奥尔什丁瓦尔米亚玛祖里大学 (University of Warmia and Mazury in Olsztyn)	综合性	www.uwm.edu.pl
16	华沙大学 (University of Warsaw)	综合性	www.uw.edu.pl
17	弗罗茨瓦夫大学 (University of Wroclaw)	综合性	www.uni.wroc.pl
18	绿山大学 (University of Zielona Gora)	综合性	www.uz.zgora.pl
19	比亚威斯托克工业大学	技术类	www.pb.edu.pl

续表

序号	院 校 名 称	学校类型	网 址
20	琴希托霍瓦工业大学	技术类	www.pcz.pl
21	格但斯克工业大学	技术类	www.pg.gda.pl
22	腊多姆工业大学	技术类	www.pr.radom.pl
23	圣十字工业大学(凯尔采)	技术类	www.tu.kielce.pl
24	科沙林工业大学	技术类	www.tu.koszalin.pl
25	卢布林工业大学	技术类	www.pollub.pl
26	奥波莱工业大学	技术类	www.po.opole.pl
27	波兹南工业大学	技术类	www.put.poznan.pl
28	热舒夫工业大学	技术类	www.prz.rzeszow.pl
29	格利维策西里西亚工业大学	技术类	www.polsl.pl
30	克拉科夫工业大学	技术类	www.pk.edu.pl
31	别尔斯克-比亚韦工业大学	技术类	www.ath.bielsko.pl
32	华沙工业大学	技术类	www.pw.edu.pl/engpw
33	什切青工业大学	技术类	www.zut.edu.pl
34	弗罗茨瓦夫工业大学	技术类	www.pwr.wroc.pl
35	克拉科夫雅盖隆大学医学院	医药类	www.cm-uj.krakow.pl
36	比亚威斯托克医学院	医药类	www.umb.edu.pl
37	格但斯克医学院	医药类	www.gumed.edu.pl
38	罗兹医学院	医药类	www.studymed.umed.pl
39	卢布林医学院	医药类	www.umlub.pl
40	西里西亚医学院	医药类	www.slam.katowice.pl
41	华沙医学院	医药类	www.wum.edu.pl
42	彼得哥熙(尼古拉)哥白尼大学-雷迪盖尔医学院	医药类	www.amb.bydgoszcz.pl
43	什切青波莫瑞医学院	医药类	www.pam.szczecin.pl

续表

序号	院 校 名 称	学校类型	网 址
44	波兹南医科大学	医药类	www.amp.edu.pl
45	弗罗茨瓦夫医科大学	医药类	www.am.wroc.pl
46	克拉科夫经济学院	经济类	www.uek.krakow.pl
47	波兹南经济学院	经济类	www.ue.poznan.pl
48	卡托维茨经济大学	经济类	www.ue.katowice.pl
49	华沙经济学院	经济类	www.sgh.waw.pl
50	弗罗茨瓦夫经济学院	经济类	www.ue.wroc.pl
51	波兹南农学院	农业与生命科学类	www.up.poznan.pl
52	克拉科夫农学院	农业与生命科学类	www.ur.krakow.pl
53	卢布林农学院	农业与生命科学类	www.up.lublin.pl
54	彼得哥熙市农业技术学院	农业与生命科学类	www.utp.edu.pl
55	华沙中央农村经济学院	农业与生命科学类	www.sggw.pl
56	弗罗茨瓦夫农学院	农业与生命科学类	www.up.wroc.pl
57	琴希托霍瓦高等师范学校	教育类	www.ajd.czest.pl
58	格热格热夫斯卡特殊教育学院	教育类	www.aps.edu.pl
59	克拉科夫"国民教育委员会"师范学院	教育类	www.up.krakow.pl
60	斯乌普斯克波莫瑞师范学院	教育类	www.apsl.edu.pl
61	谢德尔策自然和人类大学	教育类	www.uph.edu.pl
62	什切青美术学院	艺术类	www.akademiasztuki.eu
63	格但斯克美术学院	艺术类	www.asp.gda.pl
64	卡托维兹美术学院	艺术类	www.asp.katowice.pl

续表

序号	院 校 名 称	学校类型	网 址
65	华沙美术学院	艺术类	www.asp.waw.pl
66	克拉科夫音乐学院	艺术类	www.amuz.krakow.pl
67	华沙泽尔维罗维奇戏剧学院	艺术类	www.at.edu.pl
68	弗罗茨瓦夫美术学院	艺术类	www.asp.wroc.pl
69	彼得哥熙音乐学院	艺术类	www.amuz.bydgoszcz.pl
70	肖邦音乐学院	艺术类	www.chopin.edu.pl
71	罗兹音乐学院	艺术类	www.amuz.lodz.pl
72	波兹南帕德莱夫斯基音乐学院	艺术类	www.amuz.edu.pl
73	克拉科夫马泰依科美术学院	艺术类	www.asp.krakow.pl
74	弗罗茨瓦夫音乐学院	艺术类	www.amuz.wroc.pl
75	卡托维兹席曼诺夫斯基音乐学院	艺术类	www.am.katowice.pl
76	克拉科夫索尔斯基高等国立戏剧学校	艺术类	www.pwst.krakow.pl
77	罗兹国立电影、电视与戏剧学校	艺术类	www.filmschool.lodz.pl
78	格但斯克莫纽什科音乐学院	艺术类	www.amuz.gda.pl
79	罗兹斯特热敏斯基美术学院	艺术类	www.asp.lodz.pl
80	波兹南美术学院	艺术类	www.uap.edu.pl
81	卡托维兹体育学院	体育教育类	www.awf.katowice.pl
82	格但斯克希尼亚德茨基体育学院	体育教育类	www.awf.gda.pl
83	华沙毕乌苏茨基体育学院	体育教育类	www.awf.edu.pl
84	克拉科夫体育学院	体育教育类	www.awf.krakow.pl
85	波兹南体育学院	体育教育类	www.awf.poznan.pl
86	弗罗茨瓦夫体育学院	体育教育类	www.awf.wroc.pl
87	格丁尼亚海洋学院	海洋类	www.am.gdynia.pl
88	什切青海洋学院	海洋类	www.am.szczecin.pl

序号	院 校 名 称	学校类型	网　址
89	弗罗茨瓦夫陆军军官高等学校	军事类	www.wso.wroc.pl
90	军事科技学院	军事类	www.wat.edu.pl
91	华沙国防大学	军事类	www.aon.edu.pl
92	登布林空军军官高等学院	军事类	www.wsosp.pl
93	格丁尼亚国家海军学院	军事类	www.amw.gdynia.pl
94	消防服务学院	政府公务类	www.sgsp.edu.pl
95	什奇特诺警察学院	政府公务类	www.wspol.edu.pl
96	华沙基督教神学学院	教会类	www.chat.edu.pl
97	克拉科夫乙格纳铁努恩耶稣大学	教会类	www.ignatianum.edu.pl
98	正教神学院	教会类	www.psd.edu.pl
99	华沙神学宗座大学	教会类	www.pwtw.mkw.pl
100	弗罗茨瓦夫神学宗座大学	教会类	www.pwt.wroc.pl
101	克拉可夫约翰·保罗二世宗座大学	教会类	www.pat.krakow.pl
102	栋布罗瓦古尔尼恰商学院	大学类 非公立	www.wsb.edu.pl
103	克拉科夫高等学院	大学类 非公立	www.ka.edu.pl
104	奇维塔斯学院	大学类 非公立	www.civitas.edu.pl
105	卡托维兹经济学院	大学类 非公立	www.gwsh.pl
106	科兹明斯基大学	大学类 非公立	www.kozminski.edu.pl
107	拉扎斯基大学	大学类 非公立	www.lazarski.edu.pl
108	华沙再社会化高等教育学院	大学类 非公立	www.pedagogium.pl
109	弗罗茨瓦夫高等教育语言学校	大学类 非公立	www.wsf.edu.pl

续表

序号	院 校 名 称	学校类型	网 址
110	波兰—日本信息技术大学	大学类 非公立	www.pjwstk.edu.pl
111	普图斯克人文学院	大学类 非公立	www.ah.edu.pl
112	普热梅希尔法律与行政管理学学院	大学类 非公立	www.wspia.eu
113	西里西亚经济与语言学校	大学类 非公立	www.gallus.pl
114	罗兹社会科学学院	大学类 非公立	www.san.edu.pl
115	华沙财经管理大学	大学类 非公立	www.vizja.pl
116	罗兹人文经济大学	大学类 非公立	www.ahe.lodz.pl
117	下西里西亚大学	大学类 非公立	www.dsw.edu.pl
118	人文与社科学院	大学类 非公立	www.swps.pl
119	维斯瓦河大学	大学类 非公立	www.vistula.edu.pl

此外,波兰另有瓦乌布日赫国立高等职业学校等 36 所高等职业教育学校。[①]

[①] 36 所高等职业学校名单如下:瓦乌布日赫国立高等职业学校、亚罗斯瓦夫国立高等职业学校、普热米希尔国立高等职业学校、苏瓦乌基高等职业学校、塔尔奴夫国立高等职业学校、弗沃茨瓦维克国立高等职业学校、大波兰戈茹夫国立高等职业学校、莱什诺国立高等职业学校、萨诺克国立高等职业学校、卡勒坤脑斯国立高等职业学校、比亚瓦-波德拉斯卡国立高等职业学校、卡利什国立高等职业学校、塔尔诺布热格国立高等职业学校、奥波莱国立高等职业学校、尼萨国立高等职业学校、皮瓦国立高等职业学校、沃姆热国立信息与企业高等学校、切哈奴夫国立高等职业学校、扎莫希奇国立高等职业学校、格沃格夫国立高等职业学校、格涅兹诺国立高等职业学校、科斯林国立高等职业学校、克罗斯诺国立高等职业学校、新松奇国立高等职业学校、拉奇布什国立高等职业学校、桑多梅日国立高等职业学校、斯凯尔涅维采国立高等职业学校、苏莱胡夫公共行政高等职业学校、瓦乌奇国立高等职业学校、新塔尔克国立高等职业学校、海乌姆国立高等职业学校、奥斯维辛国立高等教育学校、埃尔布拉格国立高等职业学校、科宁国立高等职业学校、普沃茨克国立高等职业学校、莱哥尼查国立高等职业学校。

12.3　案例研究：科兹明斯基大学①

12.3.1　基本情况

科兹明斯基大学(原称为利昂科兹明斯基学院创业和管理—LKAEM)成立于 1993,位于波兰首都华沙,是一所国际知名的私立商学院,也是中欧和东欧地区唯一获得 EQUIS 和 AMBA 双重认证的高等教育机构。该校还获得 AACSB 国际高等商学院协会认证。该校的经济与管理专业在波兰国内排名第一。从 2009 年开始的 15 年内,科兹明斯基大学始终占据由 Perspektywy、Rzeczpospolita、WPROST② 发布的最好私立大学教育排行榜的第一位。此外,该校在管理方面的教学和研究同时被中东欧管理发展协会(Central and East European Management Development Association, CEEMAN)和欧洲管理教育协会所认可。从 1993 年至今,该大学在被波兰校长联合会评定的非国立大学排名中一直位居首位。

自 2009 年起,科兹明斯基大学就作为波兰最好的教育机构荣登享誉世界的《金融时报》的商科学校榜单。如在《金融时报》之"欧洲商业学院排行榜"(2009—2014)中,科兹明斯基大学排名最好欧洲商业学院第 41 位;在《金融时报》之"EMBA 排行榜"(2009—2010,2012—2014)中,排名为第 45 位;在《金融时报》之"全球最好管理学硕士专业排行榜"(2009—2014)

---

① 本节资料主要源于刘芬、琚珺论文《私立商科院校的发展典范》,参见《对外经贸教育研究》2015 年第 1 期。

② Perspektywy、Rzeczpospolita、WPROST 均是波兰高等教育排行榜。其中,Perspektywy 是一个教育基金会,是一个独立的、非营利性组织,成立于 1998 年 6 月 1 日。

中,位于排行榜中 50 所上榜大学中的 35 位;在《金融时报》之"全球最好财务学硕士专业排行榜"(2010—2014)中,位于排行榜中 50 所上榜大学中的 21 位;根据 2009 年《金融时报》的统计,该校经济学、管理、市场营销和企业管理本科专业在全球排名前 10。

科兹明斯基大学校园占地面积为 3.4 公顷,校园环境优美,基础设施完善,建有各类教学、娱乐设施。[①]

科兹明斯基大学与世界各地的 140 个院校建立了伙伴合作的关系。科兹明斯基大学在教育与社会公益结合上做出了举世公认的成绩,非常令人敬佩,即长期为智障残疾孩子提供教育机会。科兹明斯基大学有非常先进的教学设施来帮助这些智障孩子,如对于聋哑孩子,科兹明斯基大学有专业的手语教师来辅导聋哑孩子,其坚持不懈地承担社会责任被广泛赞誉。

12.3.2 学科专业

科兹明斯基大学提供在工商管理和金融领域被国际广泛认可的、包括学士、硕士、博士在内的各层次学位课程。科兹明斯基大学是一所能够在商业、管理及商法领域提供现代化的、最先进的和跨学科教育的大学。这些相互关联的科目构成了学术上的支柱,如管理学、金融学、商法等,加上大学在研究和教学领域追求卓越表现,以及有效管理学院,因此而创造出一个真正独特的学术环境。来自 30 多个国家的学生不仅仅从被称为"科兹明斯基方法"的特殊氛围中受益,同样也为之做出了贡献。

目前,科兹明斯基大学共设有 6 个院系,即市场与管理学系、法律学

---

① 文章数据除标注皆引自科兹明斯基大学官方网站,下同。

系、财政与金融学系、欧洲学系、行政管理学系、社会学系。拥有的学位项目或修业年限主要是：

一是学士学位专业项目。如管理专业学士（3-year BBA Program in Management）、财务会计专业学士（3-year BBA Program in Finance and Accounting）、管理专业双学位学士（3-year Double Degree Bachelor Program in Management with Professional Placement in Cooperation with DHBW-Mannheim）。

二是硕士学位专业项目。如国际商务管理专业硕士（2-year Master's Program in International Business and Management with University of Bradford—UK degree）、管理专业硕士（2-year Master in Management（full-time / part-time））、财务会计专业硕士（2-year Master's Program in Finance and Accounting）。

表 12.2　波兰的本硕学科专业

专业层次	学科/专业名称	学费（PLN/年）	学制
本科	Management 管理	8 900	3 年
	Finance and accounting 金融与会计	8 900	3 年
	Management with Professional Placement in partnership with DHBW-Mannheim 管理学（与德国合作双学位）	10 500	3 年
硕士	International Business and Management with Bradford University 国际商务及管理（与英国 Bradford 大学合作）	8 600—14 350	2 年
	Management 管理学	8 600	2 年
	Finance and accounting 金融与会计	8 600	2 年

三是博士学位专业项目。如管理专业博士(3-year Ph. D Program in Management)。

四是 MBA 项目。设有欧盟工商管理专业远程课程(EURO＊MBA Distance learning delivered by consortium of 6 European Universities)、行政工商管理专业课程(Executive MBA in Minsk)。

五是针对留学生开设的全英文项目。[①]设有国际商务与管理专业硕士(全日制/非全日制)、金融专业硕士、欧洲工商管理硕士(与布拉德福特大学合办)、管理专业国际硕士、财务会计专业工商管理学士项目、管理专业工商管理理学士项目、欧洲工商管理硕士、营销专业研究生文凭(查特斯营销学院)、管理专业博士项目、国际商法专业法学硕士。可以看出,学校拥有的学士、硕士乃至博士项目,基本上都可以开设全英文课程,以满足国际留学生的需要。

科兹明斯基大学所有课程都有独特的国际化特点,该校使用波兰语、英语和德语授课。且外教都拥有理学学位和在世界各地著名大学丰富的执教经验。

12.3.3　办学特色

科兹明斯基大学的办学特色集中体现在以下几个方面:

第一,充分利用法治制度环境。1989 年剧变后,波兰制定了新的教育制度法。该法规定,允许各种类型的学校存在,允许创办各种类型的非公立学校(私立学校)。每个公民都可以兴办各种类型的非公立学校(非国立学校),并自行编制自己的教学大纲。根据国家新的教育制度法,对于非公

---

① 资料来源:http://wWw.LiuXue86.Com/a/538150.html。

立学校,只要专业干部(包括师资力量)有保证,并能完成最低教学大纲计划,即可获得与公立学校同等的地位和国家教育经费补贴,国家将负担每个学生教育费的50%。波兰政策认定,非国立高等学校是对波兰教育体制的重要补充,同时还是国立学校的竞争对手,可以成为名牌国立大学的重要伙伴,从而成为其发展的重要推助作用。科兹明斯基大学充分利用国家对非国立大学重视的良好机遇,于1993年建校。科兹明斯基大学借助国家大教育法治制度的优势,结合自身商科院校特色,密切关注国内外劳动力市场的变化,并对其需求迅速做出反应。同时,科兹明斯基大学对在校学生享受奖学金、补助金和贷款方面等给予大力支持,在20余年不长的建校时期内,使学校步入快速发展的轨道。

第二,快速提升品牌价值战略。科兹明斯基大学定位明确为国际学术化的商科学校,致力于最高水平的商业理论、商业管理和商法领域的教育。科兹明斯基大学重视商科理论与商业实践的有机结合,学校教学注重保持专业理论知识和商业实践之间的平衡。科兹明斯基大学首先获得了证明其在全球范围内拥有高水平的教学标准、高度国际化、学生具备全球使命感、旨在推动商业研究工作的 European Quality Improvement System(欧洲质量改进体系)认证;通过了注重体现商务和管理实践发展、针对商学院 MBA 项目的 The Association of MBAs 国际认证标准;以及由包括哈佛大学、哥伦比亚大学、康乃尔大学、宾夕法尼亚大学、耶鲁大学、威斯康星大学、杜兰大学等成员发起的,致力于提高和促进工商管理学和会计学高等教育水平的 The Association to Advance Collegiate Schools of Business International 资格认证(AACSB International,教育认证制度之严、标准之高、冠居全球,世所公认)。科兹明斯基大学获得的这三项国际认证,为其尽快跻身世界一流名校奠定了扎实的基础。据粗略统计,全球有超过 135 000 所商业院校,但截至 2015 年 4 月,仅仅有 156 所商学院通过了 EQUIS 认证。科兹明斯基大学是唯一一所坐落于波兰的被 EQUIS 资格认证的中东欧的教育机构,也是中东欧国家第一所通过 EQUIS 认证的高校。同时,全球也只有 5% 的教育机构获得 AACSB 资格认证,全球只有 67 所教育机构可以同时享有三个最著名的认证机构 AACSB、EQUIS、AMBA 的资格认证,科兹明斯基大学就是其中之一。以上这些都足以证明其基于国际认证的品牌提升战略特别清晰,并具有超凡的坚定执行力。

第三,着力强化师生的实践能力。科兹明斯基大学与本地及国际商业组织以及顶尖经理人都保持着良好的关系,而这些公司经理都乐意和学生分享他们丰富的经验和知识。科兹明斯基大学是商科专业教育的先驱,是波兰第一个开设 MBA 课程的高等学校。科兹明斯基大学致力于保持商科专业理论知识与商科实践的紧密结合,学校在教育实践方面注重保持与全球商业领域活动的同步。另外科科兹明斯基的执行教育项目是国际著名的商科专业训练与教育项目。通过与 International Corporate Advisory Board、COE 及其他子成员、Alumni Relations Office 等国际商界机构的合作等措施取得与商界紧密联系。这些措施保证了科兹明斯基大学对商界最前沿动态的关注。通过与这些机构的合作联系,该大学可以给教师队伍提供与最苛刻的客户细分市场之一——从业人员面对面会议的机会,以保持教师队伍的竞争力,提高他们的教学技能,同时又能"审阅市场"。

第四,不断深化的国际化办学特色。科兹明斯基大学提供优质的国际化教育。如上所述,该大学非常注重按国际一流专业认证标准去建设自己的学科专业,是欧洲中东部唯一通过 AACSB 和 EQUIS 的院校。同时,大学非常注意与当地的国际商界保持密切的合作关系,许多课程均由各领域的著名教授授课,50% 的教授来自国外,并主要源自欧美等发达国家。通

过师资的高度国际化,科兹明斯基大学为学生创建了在国际化环境中学习
的特殊机会。同时,科兹明斯基大学积极参加国际合作项目。在硕士课程
中,国际商务与管理是与英国 Bradford University 的合作项目,ABE 国际管
理硕士是与西班牙 EADA、法国 Audencia、英国的 Bradford University 的合
作项目。所有学位课程的学生均有一年时间在欧洲其他国家合作院校的
学习经历。一部分学科的学生将有机会获得科兹明斯基大学和其他著名
合作商学院的文凭。科兹明斯基大学提供优质的国际化教育。该大学是
欧洲中东部唯一通过由欧洲及北美商学院及私营企业代表组成的国际评
审小组检测的院校。大学与当地及国际商界保持密切联系,大学由各领域
著名教授授课。其中,至少 50% 的教授来自国外,并主要来自英美。科兹
明斯基大学为学生创建了在国际化环境中学习的特殊机会。同时,学校积
极参加国际合作:硕士课程中,国际商务与管理为与英国 Bradford
University 合作项目;ABE 国际管理硕士为与西班牙 EADA、法国 Audencia、
英国 Bradford University 合作项目;所有学位课程的学生都要求有半年到
一年时间在欧洲其他国家合作院校的学习经历。

12.4　概要总结

　　波兰素有重视教育的历史传统,是欧洲历史上第一个设立国家教育部
的国家,早在 1773 年就设立了国家教育委员会。波兰有完备的高等教育
体系,通过提高高等教育质量,以知识服务个人和整体利益,改善公共服务
和人民生活。同时,波兰支持大学财务制度改革,倡导大学与经济领域和
公共机构合作,促进大学与地方开展社会与经济合作。波兰有一所著名的

私立大学,即科兹明斯基大学,办学历史仅有 20 多年,就通过了 EQUIS 国际认证,其高等教育法特别鼓励私立大学发展。波兰作为中东欧地区的"领头羊"之一,在高等教育领域也体现出了地区强国的特征,比如高校的国际知名度普遍高于周边国家、英语授课比例高、教育质量被西欧发达国家普遍认可等。波兰是博洛尼亚进程的参与国,相似的高等教育体制促成了其与欧洲高校之间的学生学者交流频繁、科研合作项目众多,加上波兰高校悠久的历史和过硬的教学质量,这使波兰高校的国际化发展快速,留学波兰的性价比很高。波兰一方面深化与西欧发达国家的高等教育合作,一方面结合国际发展形势变化,加强了与中国的深度合作,比如波兰科学和高等教育部专门针对中国留学群体开设了"留学波兰"专题网站(http://www.go-poland.pl/zh-hans),这也从一个侧面显示了波兰在高等教育国际化发展上的投入是地区领先的。

中国和波兰都拥有悠久的历史和灿烂的文化,都曾经历过近代战争的苦痛和新世纪的繁荣复兴。相似的历史发展轨迹让中波两国人民都很向往和平、和睦与和谐环境。截至 2010 年底,中国政府共接受 870 余名波兰奖学金来华留学生,中国在波兰各类留学人员也达到千余人,并呈现出不断上涨的趋势。2006 年 6 月,北京外国语大学在波兰设立了第一所孔子学院,即克拉科夫孔子学院。此后,北京工业大学、天津理工大学、厦门大学分别和波兰奥波莱工业大学、密茨凯维奇大学、弗罗茨瓦夫大学合作建立了孔子学院,"汉语热"在波兰持续升温,中国对波兰的语言与文化的了解与兴趣也得到不断增加。"中波大学校长论坛"自开始以来,每年以不同的主题为探讨内容,对于加深相互了解、扩大教育合作领域、创新合作模式、提高合作层次等起到了非常重要的作用。2012 年 4 月,首次中国—中东欧国家领导人会晤在波兰首都华沙举行。会晤规划与拓展了中国与中东欧十六国互利合作的前景与未来,会议宣布了中国关于促进与中东欧国家友好合作的 12 项举措。①此次会晤也拉开了"中国—中东欧国家合作"这一战略平台的发展序幕。2014 年 4 月,《中国贸易报》记者专访波兰驻华特命全权大使塔德乌什·霍米茨基,他说在过去的 25 年里,波兰由一个相对贫穷甚至被边缘化了的国家转变成一个成功的市场经济体,是中东欧地区最大的转型国家,也逐渐成为这一地区的经济引擎,特别希望成为中国与中东欧及欧盟联系的第一站。②

全面多元的合作战略,让波兰拥有了更多的国际化交流平台,也使得波兰教育和管理体系具备更高的融合度,加上优质的教育产品供应等要素,推动了波兰高等教育不断得到国际权威组织的关注和认可,相信在科兹明斯基大学的启示下,会有越来越多的波兰高校或机构通过 EQUIS 等国际认证,波兰的教育国际化程度也会越来越高。

---

① 12 项举措为:一是成立中国与中东欧国家合作秘书处(设在中国外交部,负责沟通协调合作事宜、筹备领导人会晤和经贸论坛并落实有关成果);二是设立总额 100 亿美元的专项贷款,其中配备一定比例的优惠性质贷款,重点用于双方在基础设施建设、高新技术、绿色经济等领域的合作项目。中东欧十六国可向中国国家开发银行、进出口银行、工商银行、中国银行、建设银行和中信银行提出项目申请;三是发起设立"中国—中东欧投资合作基金",首期募集基金目标为 5 亿美元;四是中方将向中东欧地区国家派出"贸易投资促进团"并采取切实措施推进双方经贸合作。愿与各国共同努力,力争中国与中东欧十六国贸易额至 2015 年达到 1 000 亿美元;五是根据中东欧国家的实际情况和需求,推动中国企业在未来 5 年同各国合建 1 个经济技术园区,也愿继续鼓励和支持更多中国企业参与各国已有的经济技术园区建设;六是愿与中东欧十六国积极探讨货币互换、跨境贸易本币结算以及互设银行等金融合作,加强对务实合作的保障与服务;七是成立"中国—中东欧交通网络建设专家咨询委员会",由中国商务部牵头,中东欧十六国本着自愿原则加入,共同探讨通过合资合作、联合承包等多种形式开展区域高速公路或铁路示范网络建设;八是倡议 2013 年在中国举办"中国—中东欧国家文化合作论坛",并在此框架下定期举行文化高层和专家会晤及互办文化节、专题活动,中东欧十六国根据自愿原则指定本国对口部门及 1 名协调员参与秘书处协调工作;九是在未来 5 年向中东欧十六国提供 5 000 个奖学金名额。支持十六国孔子学院和孔子课堂建设,未来 5 年计划邀请 1 000 名各国学生来华研修汉语,加强高校校际交流与联合学术研究,未来 5 年派出 1 000 名学生和学者赴十六国研修;十是倡议成立"中国—中东欧国家旅游促进联盟",由中国国家旅游局牵头,欢迎双方民用航空主管部门、旅游和航空企业参与,旨在加强相互推介和联合开发旅游线路,并探讨开通与中东欧十六国更多直航;十一是设立"中国与中东欧国家关系研究基金",中方愿每年提供 200 万元人民币,支持双方研究机构和学者开展学术交流;十二是中方计划于 2013 年举办首届"中国与中东欧青年政治家论坛",邀请双方青年代表出席,增进相互了解与友谊。资料来自波兰共和国大使馆经济商务参赞处。

② 《中国贸易报》2014 年 4 月 1 日。

第 13 章

罗马尼亚高等教育

13.1 罗马尼亚国家概况[①]

　　罗马尼亚位于东南欧巴尔干半岛东北部,面积 23.84 万平方千米,人口 1 994 万(2014 年),其中罗马尼亚族占 89.5%,匈牙利族占 6.6%,罗姆族(吉卜赛人)占 2.5%,日耳曼族和乌克兰族各占 0.3%,俄罗斯族、塞尔维亚族、斯洛伐克族、土耳其族、鞑靼族等占 0.8%,主要宗教有东正教(信仰人数占总人口数的 86.7%)、罗马天主教(4.7%)、新教(3.2%),官方语言为罗马尼亚语,主要少数民族语言为匈牙利语,首都布加勒斯特(Bucuresti)。罗马尼亚属于温带大陆性气候,矿藏有石油、天然气、煤、铝土矿、金、银、铁、锰、锑、盐、铀、铅等,森林覆盖率 28%,水力资源较丰富。罗马尼亚与其

---

① 部分资料整理自中华人民共和国外交部:罗马尼亚国家概况[DB/OL],2015 年 3 月,http://www.fm-prc.gov.cn/web/gjhdq_676201/gj_676203/oz_678770/。

他中东欧国家类似,均受到两次世界大战较大影响,几易国名,1989 年 12
月确定现国名罗马尼亚;2004 年 3 月加入北约;2007 年 1 月加入欧盟。
1989 年剧变后罗马尼亚开始由计划经济向市场经济过渡,2000—2008 年
经济连年增长;受国际金融危机影响,2009 年、2010 年经济一度出现负增
长;2011 年之后经济启稳回升;2014 年国内生产总值 1 440 亿欧元,经济总
量居中东欧十六国第三位,人均月收入 400 欧元,经济上属于发展中国家。
根据联合国开发计划署(UNDP)发布的《2014 年人类发展报告》,罗马尼亚
的人类发展指数(HDI)0.793,排名第 52 位,其中教育指数 0.754。

13.2 高等教育

罗马尼亚教育有着较为悠久的历史,1864 年第一部《公共教育法》颁
布,高等教育学科领域逐步拓宽。在社会主义年代(1948—1989),罗马尼
亚教育得到大发展,建立了完整的国家教育体系。政府重视教育投入,
2010 年教育支出 81 亿欧元,约占国内生产总值的 6%。

罗马尼亚强项优势专业主要集中在国立大学。一般设学士、硕士、博
士三级学位,学制 3＋2＋3,即本科 3 年(学士学位的学制因专业而异:自
然科学、人文学科、社会和经济学、法学、政治科学、美术、体育等学科学制 3
年;技术科学、工程学、技术工程学、农学、林学等学科学制 4 年,全科医学、
牙医学、兽医学、建筑学等学科学制 6 年)、研究生(硕士)2 年,博士 3 年。
本科毕业颁发 DIPLOMA DE LICENTA,硕士毕业颁发 DIPLOMA DE
MASTER,博士毕业颁发 DIPLOMA DE DOCTOR IN STINTE。

在罗马尼亚,大学和其他高等教育机构享有自治权,有权在现行法律

的总体规定范围内制订和实施他们自己的发展政策。大学自治的领域包含高等教育机构的管理、结构和功能、教学和科研活动、行政和财政。从财政的角度来看,大学自治是通过根据法律规定和个人问责制来管理来自国家预算和其他来源的资金来实现的。公立高等教育是根据教育、研究、青年和体育部与高等教育机构之间签订的财政合同,通过国家预算来资助的。高等教育的整个物质基础是高等教育机构管理的财产。高等教育是通过诸如下列教育机构来实现的:大学、学院、研究生院。高等教育的使命或者是教学与科研,或者是教学。高等教育机构通常包括大学的院系、科研单位、设计单位和小生产单位。

自从 2005—2006 学年以来,根据 2004/288 号法律,所有高等教育机构,不论公立还是私立,都需执行三学段结构。第一学段(学士)包括至少 180 至多 240 等同于欧洲学分转移制度规定的可转换学分,学制 3—4 年,视专业而定。第二学段(硕士)包括至少 90 至多 120 可转换学分,学制 1—2 年。两个学段的累积可转换学分至少应达到 300 个。博士课程由高等教育或研究机构开设,可以是全日制形式,也可以是业余形式。博士课程的长度等同于 3 年专职工作时间。[1]

根据罗马尼亚《教育法》,只有持有业士学位的高中毕业生或同等学历者才可以进入高等教育机构学习。高等教育机构根据国家教育部的通用标准制订录取方法。选拔和录取主要取决于考生业士学位考试(即中学毕业会考)以及高中期间各门学科的平均成绩,部分情况下也会将考生在高等教育机构自行组织的入学考试中所取得的成绩作为重要指标。高等教育机构在设计自主招生试卷时,必须考虑到高中使用的经过批准的各种可选教材。考生可以用他们在学习各门科目时使用的语言参加入学考试。本科学习结束时,学生要参加学士学位考试,其通用标准由国家教育部制

---

[1] 驻罗马尼亚使馆教育组材料,2011 年 11 月。

订,考试内容和具体标准由大学评议会制订。通过考试的学生将授予相应专业领域的学士头衔,通过该高等教育机构颁发学士学位证书加以证明。学业优秀的学生可以继续进入高等教育第二阶段(即硕士阶段)学习。硕士学习结束时,学生要参加毕业考试,通过者授予硕士学位。博士学业结束时,要进行博士论文公开答辩,并由经大学评议会批准的专家委员会评议,通过答辩者授予博士学位。

为了实现教育体制的现代化,更好地适应当前知识型社会和精明、可持续、包容性增长的要求,罗马尼亚议会通过了《国民教育法》(2010 年 12 月通过,2011 年 2 月 10 日生效)。《国民教育法》具体到高等教育领域,全面细致地规定了国立、民办和宗教教育体系的结构、功能、组织与运作,有以下方面值得关注:一是大学管理和领导的现代化。支持罗马尼亚高校在管理层面上朝着绩效和竞争力迈进,对当前的学术民主体系增加了一个企业管理维度,规定高校的有关代表机构中要给学生预留至少 25% 的名额,确认了学生在学术领域作为合伙人的地位。二是引入大学排名机制。罗马尼亚高等教育机构将根据其课程设置和机构能力分成以下四类:第一类是以教学为中心的大学,称为教学型大学;第二类教学研究型大学,是教学、科研和艺术创作并重的大学;第三类是研究型大学,是以高层次研究和教学为中心的大学;第四类是专科型院校。大学章程批准的发展道路必须体现在课程质量评估和制度评价过程中。引入排名机制为高等教育机构在四种类型中定位并符合相应资质提供了办法。《国民教育法》要求通过课程质量评估来区分高等教育专业设置的优先次序,相关的质量标准将把高校划分为上述四种类别之一,对高等教育的财政支持将取决于通过集中资源、优化投资而实现的质量和绩效,比如财政资源将优先拨付给高校联盟(可理解为合并了的大学)。大学排名机制将通过基于学术水平优秀程度的资助体系来加以支持,这样做的目的在于提高机构绩效和教育质量,其结构如下:根据设定的质量标准,至少 30% 的核心资助将给予公立大学;机构发展基金将投向四类高校中各自最好的高校;额外资助由教育部拨付。机构优秀还得有一个支持个人优秀的体系作为补充,这个体系为学术界每个成员(教师、学生、研究人员)的活动提供高度的竞争性,这个方法的累积效应聚合成大学的整体绩效。[①]

罗马尼亚高等教育由罗马尼亚国家教育部负责管理。国家教育部有责任制定和执行全国性的教育政策,与其他部委机构合作负责教育财政和人力资源等政策的具体实施。在教育决策过程中,由教育部成立的专家机构和依法律成立的咨询机构都会提供支持。这些机构包括全国教育改革委员会、全国高等教育文凭认证委员会、全国高等教育财务委员会、全国高等教育科学研究委员会、全国图书馆委员会、全国继续教育与培训委员会、主题国家委员会、改革项目管理机构等。

罗马尼亚各大学主要以本国语言教学。本科教学基本用罗语;硕士研究生阶段,只有少数专业设有外语(英语、法语、德语等)授课;博士阶段通用英语。赴罗马尼亚攻读硕士学位,应先了解该专业是否用英语授课,否则必须事先学习罗马尼亚语;如攻读博士学位,则应先落实指导教师,比如指导教师工作量是否已满,还需要通过导师面试。

罗马尼亚的高等院校历史悠久,许多都在百年以上。现罗马尼亚的国立普通高等院校有 49 所,军事院校(隶属于国防部、内务部等特种部门)有 6 所,私立高等院校共 35 所。全国著名的高等学府有:布加勒斯特大学(2013QS 世界大学排行榜 600 名以上)、布加勒斯特工学院、布加勒斯特经济学院、克鲁日-纳波卡大学、雅西大学等。

中国教育部涉外教育监管信息网公布了 49 所罗马尼亚高等教育机构,见表 13.1。

---

① 资料来自驻罗马尼亚使馆教育组材料,2011 年 11 月。

表 13.1 罗马尼亚高等院校一览表

序号	外文名	中文名	网址
1	UNIVERSITATEA "POLITEHNICA" DIN BUCUREȘTI	布加勒斯特理工大学	www.upb.ro
2	UNIVERSITATEA TEHNICA DE CONSTRUCTII DIN BUCURESTI	布加勒斯特土木工程技术大学	http://utcb.ro/utcb/
3	UNIVERSITATEA DE ARHITECTURA SI URBANISM "ION MINCU" DIN BUCURESTI	"伊万·民库"建筑与城市规划大学	www.uauim.ro
4	UNIVERSITATEA DE STIINTE AGRONOMICE SI MEDICINA VETERINARA DIN BUCURESTI	布加勒斯特农牧大学	www.usamv.ro
5	UNIVERSITATEA DIN BUCURESTI	布加勒斯特大学	www.unibuc.ro
6	UNIVERSITATEA DE MEDICINA SI FARMACE "CAROL DAVILA" DIN BUCURESTI	布加勒斯特"卡罗·达维拉"医药大学	www.umfcaroldavila.ro
7	ACADEMIA DE STUDII ECONOMICE DIN BUCURESTI	布加勒斯特经济大学	www.ase.ro
8	UNIVERSITATEA NAȚIONALĂ DE MUZICĂ DIN BUCUREȘTI	布加勒斯特国立音乐大学	www.unmb.ro
9	UNIVERSITATEA DE ARTĂ DIN BUCUREȘTI	布加勒斯特国立艺术大学	http://unarte.org/

续表

序号	外文名	中文名	网址
10	UNIVERSITATEA NATIONALA DE ARTA TEATRALA SI CINEMATOGRAFICA "I. L. CARAGIALE" BUCURESTI	布加勒斯特卡拉迪列国立戏剧与摄影大学	www.unatc.ro
11	UNIVERSITATEA NATIONALA DE EDUCATIE FIZICA SI SPORT BUCURESTI	布加勒斯特国立体育教育与体育大学	www.unefs.ro
12	SCOALA NATIONALA DE STUDII POLITICE SI ADMINISTRATIVE DIN BUCURESTI	布加勒斯特国立政治学与公共管理学院	www.snspa.ro
13	UNIVERSITATEA "1 DECEMBRIE 1918" DIN ALBA IULIA	阿拉巴尤利亚"1918 年 12 月 1 日"大学	www.uab.ro
14	UNIVERSITATEA "AUREL VLAICU" DIN ARAD	阿拉德"奥莱勒·沃莱库"大学	www.uav.ro
15	UNIVERSITATEA "VASILE ALECSANDRI" DIN BACAU	巴克乌"瓦西里·阿列克山德里"大学	www.ub.ro
16	UNIVERSITATEA DE NORD DIN BAIA MARE	巴亚马莱北部大学	www.utcluj.ro
17	UNIVERSITATEA "TRANSILVANIA" DIN BRASOV	布拉索夫"特兰斯瓦尼亚"大学	www.unitbv.ro
18	UNIVERSITATEA TEHNICA DIN CLUJ-NAPOCA	克鲁日-纳波卡技术大学	www.utcluj.ro
19	UNIVERSITATEA DE STIINTE AGRICOLE SI DE MEDICINA VETERINARA DIN CLUJ-NAPOCA	克鲁日-纳波卡农业科学与兽医大学	www.usamvcluj.ro

续表

序号	外　文　名	中　文　名	网　址
20	UNIVERSITATEA "BABES-BOLYAI" DIN CLUJ-NAPOCA	克鲁日–纳波卡"巴拜斯–波里衰"大学	www.ubbcluj.ro
21	UNIVERSITATEA DE MEDICINA SI FARMACIE "IULIU HATIEGANU" DIN CLUJ-NAPOCA	克鲁日–纳波卡"尤柳·哈戴戛努"医药大学	www.umfcluj.ro
22	ACADEMIA DE MUZICA "GHEORGHE DIMA' DIN CLUJ-NAPOCA	克鲁日–纳波卡"乔尔基·蒂玛"音乐学院	www.amgd.ro
23	UNIVERSITATEA DE ARTEŞI DESIGN DIN CLUJ-NAPOCA	克鲁日–纳波卡艺术与设计大学	www.uad.ro
24	UNIVERSITATEA "OVIDIUS" DIN CONSTANTA	康斯坦察"欧维迪乌斯"大学	www.univ-ovidius.ro
25	UNIVERSITATEA MARITIMA DIN CONSTANTA	康斯坦察海事大学	www.imc.ro
26	UNIVERSITATEA DIN CRAIOVA	克拉尤瓦大学	www.central.ucv.ro
27	UNIVERSITATEA DE MEDICINA SI FARMACIE DIN CRAIOVA	克拉尤瓦医药大学	www.umfcv.ro
28	UNIVERSITATEA "DUNAREA DE JOS" DIN GALATI	加拉茨"多瑙河下游"大学	www.ugal.ro
29	UNIVERSITATEA TEHNICA "GHEORGHE ASACHI" DIN IASI	雅西"乔尔基·阿萨基"技术大学	www.tuiasi.ro

续表

序号	外文名	中文名	网址
30	UNIVERSITATEA AGRONOMICA SI DE MEDICINA VETERINARA "ION IONESCU DE LA BRAD" IASI	雅西"布拉德·伊万·约内斯库"农业科学与兽医大学	www.uaiasi.ro
31	UNIVERSITATEA "ALEXANDRU IOAN CUZA" DIN IASI	雅西"亚历山德鲁·扬·库扎"大学	www.uaic.ro
32	UNIVERSITATEA DE MEDICINA SI FARMACIE "GRIGORE T. POPA" DIN IASI	雅西"格里戈雷·T.波帕"医药大学	www.umfiasi.ro
33	UNIVERSITATEA DE ARTE "GEORGE ENESCU" DIN IASI	雅西"乔治·埃内斯库"艺术学院	www.arteiasi.ro
34	UNIVERSITATEA DIN ORADEA	奥拉迪亚大学	www.uoradea.ro
35	UNIVERSITATEA DIN PETROSANI	彼得罗沙尼大学	www.upet.ro
36	UNIVERSITATEA DIN PITESTI	皮特什蒂大学	www.upit.ro
37	UNIVERSITATEA PETROL-GAZE DIN PLOIESTI	普罗耶什蒂石油天然气大学	www.upg-ploiesti.ro
38	UNIVERSITATEA "EFTIMIE MURGU" DIN RESITA	雷希察"埃弗蒂米·穆勒古"大学	www.uem.ro
39	UNIVERSITATEA "LUCIAN BLAGA" DIN SIBIU	西比乌"鲁齐安·布拉加"大学	www.ulbsibiu.ro
40	UNIVERSITATEA "STEFAN CEL MARE" DIN SUCEAVA	苏恰瓦"斯特凡·切尔·马雷"大学	www.usv.ro

续表

序号	外　文　名	中　文　名	网　址
41	UNIVERSITATEA "VALAHIA" DIN TÂRGOVISTE	特尔古维什泰"瓦拉西亚"大学	www.valahia.ro
42	UNIVERSITATEA "CONSTANTIN BRÂNCUSI" DIN TÂRGU JIU	特尔古日乌"康斯坦丁·布朗库西"大学	www.utgjiu.ro
43	UNIVERSITATEA "PETRU MAIOR" DIN TÂRGU MURES	特尔古穆列什"佩特鲁·马尤勒"大学	www.upm.ro
44	UNIVERSITATEA DE MEDICINA SI FARMACIE DIN TÂRGU MURES	特尔古穆列什医药大学	www.umftgm.ro
45	UNIVERSITATEA DE ARTE DIN TÂRGU MURES	特尔古穆列什艺术大学	www.uat.ro
46	UNIVERSITATEA "POLITEHNICA" DIN TIMI-SOARA	蒂米什瓦拉理工大学	www.upt.ro
47	UNIVERSITATEA DE STIINTE AGRICOLE SI ME-DICINA VETERINARA A BANATULUI DIN TIMI-SOARA	蒂米什瓦拉"巴纳特"农业科学与兽医大学	www.usab-tm.ro
48	UNIVERSITATEA DE VEST DIN TIMISOARA	蒂米什瓦拉西部大学	www.uvt.ro
49	UNIVERSITATEA DE MEDICINA SI FARMACIE DIN TIMISOARA	蒂米什瓦拉"维克多·巴拜士"医药大学	www.umft.ro

注：此表中的学校中译名及部分网址链接，来源于 www.ultroad.cn。

13.3　概要总结

罗马尼亚高等教育起步较早,拥有多所百年以上历史的高校,教育改革遵循法制轨道,许多举措都是由法律规定并保障。该国高等教育改革的方向明晰,即教育体制的现代化,更好地适应当前知识型社会和可持续、包容性增长的要求。罗马尼亚作为博洛尼亚进程的参与国,高等教育体系与诸多欧洲教育强国接轨,这有利于该国学习国外先进的高等教育理念并借鉴效果良好的科研举措。受历史和现实原因的影响,罗马尼亚教育国际化的推动受制于授课语言的限制,本科、硕士研究生阶段的英语授课覆盖率不够,这给国际生设置了语言屏障,一定程度上导致罗马尼亚并不是中东欧地区被优先选择的留学对象国。高等教育国际融合的程度对于融入国际认证体系有较大影响,罗马尼亚目前没有一所院校或机构纳入 EQUIS 认证名录,这也许是该国未来高等教育发展过程中应该关注的一个指标,毕竟类似 EQUIS 的权威评价体系对于提高相应院校和学科的国际知名度和吸引力大有裨益。

2013 年 11 月,第二次中国—中东欧国家领导人会晤在罗马尼亚布加勒斯特成功举行,来自中东欧十六国的总理或代表齐聚一堂,共谋合作与发展,会后发布《中国—中东欧国家合作布加勒斯特纲要》。此次会晤为罗马尼亚进一步推动高等教育改革,深化教育对外开放提供了新的难得机遇。相信"中国—中东欧国家合作"等新的国际平台将为罗马尼亚高校纳入 EQUIS 认证体系提供新的机遇。

第 14 章

塞尔维亚高等教育

14.1　塞尔维亚国家概况[①]

　　塞尔维亚共和国位于巴尔干半岛中北部,地处西欧、中欧、东欧,以及近东和中东之间的天然桥梁和交叉路口,面积 8.83 万平方千米,人口 930万(2013 年),主要民族为塞尔维亚族,其他少数民族包括阿尔巴尼亚人、匈牙利人、波斯尼亚克人、罗姆族、克罗地亚人、斯洛伐克人、保加利亚人、罗马尼亚人等,主要宗教东正教,官方语言塞尔维亚语,首都贝尔格莱德(Belgrade)。塞尔维业大部分地区山丘起伏,中部和南部多丘陵和山区,北部则是平原,东、西部分别为斯塔拉山脉和迪纳拉山脉的延续,属温带大陆性气候,森林覆盖率 25.4%,水力资源丰富。塞尔维亚于一战后加入南斯

[①]　部分资料整理自中华人民共和国外交部:塞尔维亚国家概况[DB/OL],2014 年 8 月,http://www.fm-prc.gov.cn/web/gjhdq_676201/gj_676203/oz_678770/。

拉夫王国;二战后成为南斯拉夫社会主义联邦共和国的六个共和国之一;1992 年与黑山组成南斯拉夫联盟共和国;2003 年 2 月南联盟更名为塞尔维亚和黑山;2006 年 6 月黑山共和国宣布独立,塞尔维亚共和国宣布继承塞黑的国际法主体地位。近年来,塞尔维亚经济状况稍有好转,国民经济呈现出稳中有升的态势;2012 年国内生产总值 393 亿欧元,人均国内生产总值 5 472 欧元,通货膨胀率 2.2%,失业率 22.1%。经济总量居中东欧十六国第十位,经济上属于发展中国家。根据联合国开发计划署(UNDP)发布的《2014 年人类发展报告》,塞尔维亚的人类发展指数(HDI)0.771,排名第 66 位,其中教育指数 0.748。

14.2　高等教育

　　总体而言,塞尔维亚的教育体系是在 20 世纪五六十年代前南斯拉夫时期建立起来并逐步得到完善的教育体系,目前仍基本沿用南联盟时期的教育体制。该国法律确定的教育基本原则是:在同等条件下,每个人都享有受教育的权利;各少数民族享有依法使用本民族语言接受教育的权利,少数民族成员有依法建立教育组织的权利,其经费原则上自筹,但也可获得国家资助;基础教育为强制性免费义务教育,为发展青年人的个性和对国家现代化发展的需要创造条件;根据当代社会的需要和科技、生产发展的最新成就,不断更新教学内容,提高教学质量和效率。

　　随着前南斯拉夫解体,政权更迭,塞尔维亚教育部(当时为塞尔维亚教育与体育部,即教体部)2001 年 2 月开始进行塞尔维亚高等教育改革,并明确了高等教育改革的目的:依照博洛尼亚进程建立现代高等教育体系。当时具体的目标主要有：(1)降低辍学率(当时的高校本科毕业率非常低,约为25％)和提高学习时限的效率。(2)与欧洲高等教育体系接轨,引进教师与教学质量监管机制。(3)按照国家需要与市场需求制定相应教学计划,推动多学科、跨学科发展,提供新技术就业机会。(4)提倡实用科技学习理念,根据劳动力市场要求培养具有技能竞争力的人才。(5)学生在受教育的过程中发挥其主动性,为国家的民主发展做出贡献。(6)教育支持经济复苏的转型进程。(7)倡导促进欧洲一体化的价值理念。2003 年 4 月,塞尔维亚正式提出加入博洛尼亚进程,并提交了相关报告,2005 年 5 月 19—20 日博洛尼亚卑尔根会议上,正式加入博洛尼亚进程。此后,塞尔维亚高等教育机构开始了按照博洛尼亚进程要求和原则改革的过程,推行透明而一致的课程设置、采用欧洲学分转换体系(ECTS)、促进学生和教师的自由流动、关注和建立有效资格认证和质量监管体系、学位互认等,并更积极地加强对欧洲高等教育的调研,参加各种相关的国际活动。

为了更好地推荐博洛尼亚进程,塞尔维亚 2003 年 1 月开始起草新的高等教育改革法,建立了新的《高等教育法》,并于 2005 年 9 月 10 日开始实施,修改了与博洛尼亚进程相矛盾的法律、法规。《高等教育法》提供了执行博洛尼亚进程和里斯本协议的法律基础。同时,塞尔维亚依照博洛尼亚进程的要求,进行机构改革。教育部是政府的教育行政机构。议会选出国家高等教育理事会,作为制定教育战略、通过教育规章制度的最高机构。高等教育理事会选举成立资格认证与质量评估委员会(CAQA),并起草《国家资格证书框架》。同时,成立了“研究型大学会”“职业型大学会”,此“两会”代表所有公、私立教学机构。教育部、高等教育理事会以及“两会”相互协调与合作。

塞尔维亚教育部在 2003 年 4 月提出加入博洛尼亚进程的报告中,给出了具体实施的时间表:从 2003 年 9 月开始,至 2004 年 8 月实施新体系,引入欧洲学分转换体系(ECTS),并进行专科院校的资质认证;2004 年 9 月按新体系招生；2004 年 9 月至 2006 年 6 月大学重组，颁布条例；2006 年 8 月综合性大学招生，任命新管理层；2006 年 9 月至 2007 年 8 月建立研究生教学体系；2007 年 9 月开始授予第一个 3 年制学位；2007 年 9 月至 2008 年 8 月大学资质认证，2008 年 9 月取消四年制学位授予以及助教职位；2008 年 9 月至 2009 年 8 月聘任研究生作助教；2009 年 9 月完成整个改革任务。并在期间每两年提交一份《国家执行博洛尼亚进程报告》。2005 年，教育部又提出了《2005—2010 年教育战略》，并强调：为了适应全球化，教育应快速有效地适应变革，高等教育到 2010 年全面符合博洛尼亚进程要求，提高教育质量、资助教育系统的改革等，成为稳定的欧洲高等教育区的合格成员。

但在实施过程中，从大的法律制定、机构的改革到小的课程设置、师资学生流动等，都是系统且非常繁重的任务，需要做大量工作，涉及全体国立、私立院校的机构重组、新的管理模式建立、新的管理部门、财务管理体系、新的学术体系等各个方面，可谓任务艰巨。且在实施过程中又碰到塞尔维亚政府财政改革和 2008 年由美国引发的金融危机以及塞尔维亚自身固有的结构性问题，导致国家实际上对教育的投入减少，而学校的招生规模又不断扩大。与欧盟各个国家相比，塞尔维亚政府投入教育与科技的经费与他们相差很远。根据国家发展战略，到 2015 年计划将教育投入提高到 GDP 的 6％，而实际上现阶段的高等教育投入仅为 0.7％①。因此，近年来教育方面出现问题较多，教育腐败也较为严重，根据国外一个学者对东南欧 6 国的教育腐败相关问题调查，塞尔维亚腐败的发生率最高。所以，近年来学生游行、教师罢课的事件时有发生。尽管如此，近些年来高等教育改革还是在艰难地推进。

2009 年 4 月，塞尔维亚政府委托教育部、青年与体育部在贝尔格莱德

---

① 根据《2020 年教育发展战略与政策》，提出教育经费投入到 2020 年要有占国内生产总值的 4.5％跃升至 6％，主要投入用于提供和改善教育资源条件。

市的萨瓦中心举办了世界大学校长峰会,会议主题为"高等教育的现行趋向",此次会议又将"博洛尼亚进程——经验与挑战"列为议题。教育部长扎尔科·奥布拉多维奇在峰会开幕式上指出,塞尔维亚教育界的首要任务是执行博洛尼亚进程。教育部主要目标是提高教育质量与效率,跟进世界与欧盟的发展标准。贝尔格莱德大学校长认为应将教育投入看作"投资",而不能将其看成"消费"。奥布拉多维奇认为:应将塞尔维亚的教育看作战略资源,使其成为促进塞尔维亚工业与现代化发展的基础。

　　塞尔维亚的教育分为三个层次,即初等教育、中等教育和高等教育。实行博洛尼亚进程以后,塞尔维亚的初等教育和中等教育保持不变,继续采用"8＋4"模式,即小学 8 年(实行八年制义务教育),中学 4 年。高等院校实行学制(Ⅰ级＋Ⅱ级学位)为"4＋1"模式(本科为 4 年,硕士为 1 年)和"3＋2"模式(本科为 3 年,硕士为 2 年),前者占多数。规定高等学校招生条件为:根据学生在中学阶段的成绩(占总成绩的 40%)和入学考试的成绩(占总成绩的 60%)进行择优录取。高等教育实行三级学位制:学士学位、硕士学位和博士学位。就读于专科学校的学生学习期满且符合毕业要求由学校颁发专科毕业证;就读于大学的各类学院及艺术院校的学生学习期满且符合毕业要求由学校颁发本科毕业证,达到授予学位要求的学生授予学士学位。攻读硕士学位的学生完成相关课程学习且达到授予学位要求可获得相应的理科硕士学位或文科硕士学位;攻读博士学位的学生完成相关课程学习且达到授予学位要求可获得博士学位。根据博洛尼亚进程,博士生学习期限为二年,至少要修完 180 ECTS 学分(在修了 300 ECTS 学分,获得二级学位的基础上),每学年的学习负荷是 60 ECTS 学分,在 1 500 至 1 800 小时范围内,即每个 1 ECTS 学分在 25 至 30 小时范围内。学分仅用于考核学生的学习负荷,博士论文是博士生研究项目的最终部分(艺术类除外)。除了独立的科研外,博士生还必须听课、通过考试、在具有国际水平的杂志上发表论文,根据所发表的论文数目、获得的专利数目、技术创新的数目,对所完成科学研究的贡献进行评级。论文的准备、答辩的形式和程序按《高等教育法》规定执行。在某些博士研究生项目中要将交叉学科的培养与可移植技能的开发相结合。博士生的生源既可以是学生,也可以是研究人员。

表 14.1　塞尔维亚授予的学位类型

一级学位 (240ECTS学分)	二级学位 (一级学位十二级学位300ECTS学分)	三级学位 (180 ECTS学分)
1. 学术型(academic studies)学士学位 2. 职业型(vocational studies)学士学位	1. 研究生学术型硕士学位(graduate academic studies-Master) 2. 专家职业型(specialist vocational studies)硕士学位 3. 专家学术型(specialist academic studies)硕士学位	学术型博士学位(doctoral academic studies)

塞尔维亚国立大学有 7 所,私立注册的有 11 所。主要大学有贝尔格莱德大学、诺维萨德大学、尼什大学和克拉古耶瓦茨大学,其中贝尔格莱德大学和诺维萨德大学(二者皆为国立大学)力量最强。

表 14.2　塞尔维亚主要大学一览

序号	英语名称	中文名称
1	University of Belgrade	贝尔格莱德大学①
2	University of Novi Sad	诺维萨德大学②
3	University of Niš	尼什大学③
4	University of Kragujevac	克拉古耶瓦茨大学④

---

① 贝尔格莱德大学成立于 1863 年,是塞尔维亚最古老和最重要的高等教育机构,也是巴尔干半岛地区最大的大学之一。学院分布在首都各区,学校总部大楼位于贝尔格莱德市中心。优势学科主要有医学(心脏学)、电气工程、建筑学等。
② 诺维萨德大学位于塞尔维亚共和国伏伊伏丁那自治省,正式成立于 1960 年。共有 14 个学院,农学院是塞尔维亚及周边地区中具有强势专业的学院,农学也是它的优势专业。
③ 尼什大学成立于 1965 年,共有 13 个院系。
④ 克拉古耶瓦茨大学成立于 1976 年,共有 12 个院系。

14.3　概要总结

　　塞尔维亚高等教育发展的关键词是"改革",是依据博洛尼亚进程进行的比较系统和彻底的改革。这也使得该国的高等教育不管是学制还是管理体系都与欧洲其他国家的标准相一致,国际合作顺畅,且不断受到欧洲教育发达国家的正面影响。就塞尔维亚现有几所重点大学来说,它们支撑起了塞尔维亚整个高校体系,数量虽少却根基庞大,实力雄厚。以贝尔格莱德大学为例,高校拥有 11 个研究所和 6 个中心:"尼古拉·特斯拉"电气工程研究所(1939 年成立)、"希尼沙·斯潭科维奇"生物研究所(1956)、分子遗传学研究所(1986)、"温查"核能研究所(1948)、应用核能研究所(1961)、物理研究所(1961)、哲学社会理论研究所(1981)、化学、工艺、冶金研究所(1892)、"米亥洛·普平"研究所(1959)、医学研究所(1961)、信息中心、计算机中心(1991)、塞日科学模拟中心(塞尔维亚和日本联合创立的科学模拟中心 scientific simulation)、职业培训和咨询服务中心(2006)、战略研究中心、残疾大学生中心(2008);此外,还成立有不同的管理机构与组织,如常务委员会、教务委员会、学部委员会、研究所理事会、学科理事会、职业道德委员会、贝尔格莱德大学学生协会、贝尔格莱德大学学生联合会、贝尔格莱德大学学生议会等。贝尔格莱德大学确定的使命为:给学生提供优质教育和特殊的知识,不仅仅根据学生智力的成长和发展阶段,而且根据人类的品质和价值观、道德观增长和发展学生作为人类的优秀品质和道德价值观,激励学生的愿望,鼓励学生追求成为领导者的志向;打破知识和高等教育的边界,促进知识的环境,珍惜荣誉的真正价值,尊重和接受人的差异和对知识、发展和人类价值。致力于研究、教育、进步和繁荣,贝尔格莱德大学致力于高等教育最强的标准,珍惜并鼓励知识和个人成长与促进有意义的工作和努力,成为整个社会的福祉。从贝尔格莱德大学的使命可以感知到塞尔维亚高等教育的定位是比较先进和科学的。

同时应该看到,塞尔维亚是个发展中的小国,发展水平有限,制约了它的高等教育发展。但近年来经济发展迅速,使得高校也在迅猛成长。近年来,该国高等教育机构不断扩大招生,每年招收近 10 万新生,其中本科生约占 58%,研究生约占 11%,其他类型的约占 31%。科研方面,《高等教育法》要求大学的所有院系必须获得科研资质,规定科研是学校生存的必要条件。因此,加强与科技部的合作以获得经费资助是所有研究型大学及其教职员工的主要任务。塞尔维亚各大学历来通过与塞尔维亚科技部进行合作完成研究项目。2007 年至 2008 年间,国家用于科研项目的经费占 GDP 的 0.32% 来自公立基金,0.09% 来自私立基金。高等院校所承担科研项目的经费约占 32.7%。另外,塞尔维亚支持联合培养学位项目,允许跨国、跨地区、跨学校联合培养研究生,但项目数量较少。目前,塞尔维亚借助于博洛尼亚进程,除了与欧洲院校合作外,还与美国、俄罗斯、加拿大、中国等国外大学合作。2005 年 8 月,贝尔格莱德孔子学院成立。

2014 年 12 月,第三次中国—中东欧国家领导人会晤在塞尔维亚贝尔格莱德成功举行,来自中东欧十六国的总理或代表齐聚一堂,共谋合作与发展,会后发布《中国—中东欧国家合作贝尔格莱德纲要》。此次会晤为塞尔维亚进一步推动高等教育改革,深化教育对外开放提供了新的难得机遇。

虽然目前该国并没有一所管理学高校或学科专业通过 EQUIS 国际认证,但是相信在贝尔格莱德大学等高校雄厚的教学、科研基础之上,通过"中国—中东欧国家合作"等国际化平台,未来将有塞尔维亚的院校进入 EQUIS 认证清单,且数量会不断增加。

第 15 章

斯洛伐克高等教育

15.1　斯洛伐克国家概况[①]

斯洛伐克共和国是欧洲中部的内陆国,面积 4.9 万平方千米,人口539.7 万(2014 年),其中斯洛伐克族占 85.8%,匈牙利族占 9.7%,罗姆(吉卜赛)人占 1.7%,其余为捷克族、乌克兰族、日耳曼族、波兰族和俄罗斯族,居民大多信奉罗马天主教,官方语言为斯洛伐克语,首都布拉迪斯拉发(Bratislava)。斯洛伐克地势北高南低,属海洋性向大陆性气候过渡的温带气候,水资源丰富。斯洛伐克受两次世界大战影响较大,1918 年斯洛伐克和捷克一起组成捷克斯洛伐克共和国;1993 年 1 月斯洛伐克成为独立主权国家。1989 年剧变后,根据联邦政府提出的"休克疗法"开始进行经济改

[①]　部分资料整理自中华人民共和国外交部:斯洛伐克国家概况[DB/OL],2016 年 1 月,http://www.fm-prc.gov.cn/web/gjhdq_676201/gj_676203/oz_678770/。

革,导致经济大衰退;1993 年 1 月独立后,推行市场经济,加强宏观调控,调整产业结构;近年来,通过加强法制建设和外资吸引等手段,企业经营环境改善,逐渐形成以汽车、电子产业为支柱的外向型市场经济。2014 年国内生产总值 746.55 亿欧元,人均国内生产总值人均 16 426 欧元,经济总量居中东欧十六国第五位。根据联合国开发计划署(UNDP)发布的《2014 年人类发展报告》,斯洛伐克的人类发展指数(HDI)0.844,属于极高人类发展水平组,排名第 35 位,其中教育指数 0.826,属于极高教育发展水平组。

15.2　高等教育

1989 年之后,斯洛伐克的高等教育机构体制经历了快速扩张。1989—2008 年近 20 年间,本科生的数量从 60 567 增加到 220 102,研究生的人数从 3 875 增加到 10 417。根据 2013 MESRS 高等教育 2012 年年度报告,该国高校共有教职员工 21 468 名,其中 46.0% 为教师,7.5% 为研究人员。

国家科教研体部是高等教育机构的最高直接负责主体。斯洛伐克高校和大学校长大会直接相关联。大学校长大会是一个非正式的团体,旨在就广泛的问题,尤其是高等教育机构预算政策方面及科学政策等问题,提出建议。斯洛伐克高等教育机构通过以下两种方式获得公共科技资金:机构资金(从国家预算拨款),竞争力强的项目资金(研发补助,国家研发计划,机构基金等)。

斯洛伐克高教教育法(Higher Education Act of SR)规定了三种类型的高等教育机构:综合大学、高等教育机构和专业高等教育机构。所有类型高校均提供本科学习项目。高校的分类或转型,要根据国家高等教育法,由国家评审委员会来执行。国家评审委员会每六年对高校进行一次评估，主要针对科研水平、教职工数量及质量、技术设备和基础设施等。2011年，国家评审委员会从 35 所高校中，确立了 11 所高校"综合大学"的地位。截至 2011 年 1 月 1 日，斯洛伐克共和国共有 20 所公立高等教育机构，3 所国立高等教育机构，12 所私立高等教育机构，另外还有 4 所外资高等教育机构。

公立高等教育机构成立的资金补贴主要来自国家教科研体部，但这些高校也有额外的收入，如学费、创业活动、财产收入、提供继续教育等。公共高等教育机构实行自治和自我管理，根据高等教育机构的内部规则，由自治机构进行管理。

国立高等教育机构主要是以下三种类型：武警、军队和医疗。武警高等教育机构属于内政部的管辖职权范围之内，此类高校主要适应培养警察部队和安全服务的毕业生。军事高等教育机构属丁国防部的管辖职权范围之内，此类高校主要服务军队需求的毕业生。医疗高等教育机构主要是培养医疗专业人才。相比公立高等教育机构，国立高等教育机构没有完全的自主权。例如，一些国立高校在设定录取报名人数、编制学习计划、创建组织机构等方面没有自主权，而是要服从于相应部门的规定。国立高校是与国家预算紧密联系在一起。国立高校提供的学习项目、研究领域，在完成认证的条件下，公立和私立高校也可以开设。

斯洛伐克的私立高校是非营利性组织，旨在为服务类公司或有限责任公司提供教育和科研培训课程。此类高校由国家政府同意授予运营资格，并获得评审委员会的同意。来自欧盟成员国的外国高等教育机构可根据其居住地的国家立法提供教育。但大多数斯洛伐克的高等教育法规并不适用于这些机构，所以这些高校运营需要教育部的批准。

斯洛伐克高等教育的学习项目主要分为三个阶段：第一阶段学习项

目——本科学习计划旨在培养学生获取科学、艺术及其实际的应用管理等理论和实践知识。学制是 3—4 年,根据学制的要求,学生需要完成 180 或 240 学分。顺利完成本科学习计划的毕业可获得学士学位。高等教育机构为每个研究项目都准备相应的学习计划,学科大类(研究领域)共有 9 种:教育和培训、人文与艺术、社会与经济和法律、自然科学、建筑、技术与制造和通信、农业和兽医、医疗保健与服务、信息科学与数学和信息通信技术。在此之下,又可被细分为 27 种(各自有不同的内容)。但许多研究领域只能在博士生教育时进行。第二阶段学习项目——硕士研究生、工程师、医生专业学习计划。学制为 1—3 年,相应所需 60 至 180 学分,第一、二阶段学习计划连读的情况下,为五年制。顺利完成第一阶段学习计划的学生才有资格进入第二阶段的课程学习。目前,斯洛伐克还没有将毕业研究生直接转换为社会劳动力的具体渠道,学校会试图与社会企业建立合作关系,帮助学生就业。2002 年 1 月 31 日,斯洛伐克议会通过高等教育法修正案,2009 年 10 月开始实施。该修正条款支持高校在校生进行学校及学习领域的交流和变通。同时也给学生提供高校和企业的合作项目,并建立企业孵化基地、初创企业等。当下,国家的就业指导体制正在不断完善和优化中,学生临近毕业时,会有专门的"就业日"活动,旨在让学生了解当下的劳动力市场需求状况,更好地与潜在企业签订就业合同。研究生学习项目、工程师、医生学习项目最终需要通过国家考试。考试主要包括毕业论文答辩,还有 3—4 个考试科目。考试未通过的情况下,学生可以再次补考。国家考试的每一部分单独进行评估。整个这一阶段的学习评估可分为两个档次:优秀和合格。硕士学位证书主要包含以下信息:学习领域、学习项目、学位、高教证明、院系以及补充学位。第三阶段的学习项目——博士研究生学习计划,全日制学制为三至四年,在职最长为五年,学习计划由学习和研究两部分组成。报考条件是成功完成第二阶段学习计划的学生。

在博士生录取之前,学校会公布研究主题,申请者需要从所给主题中选择自己的研究主题。①

近些年来,斯洛伐克的高等教育出现许多问题,人口老龄化也深刻影响高等教育的发展需求。2007—2013 年间,高等教育报考人数从 85 000下降至 60 000。在 2013/2014 学年,本科生数量下降到 182 842,硕士研究生数量下降到 10 009。斯洛伐克学术排名和评级机构首次指出,2013 年,高校报考人数要低于计划招生数目,高校师资院系质量的缺陷直接导致学生报考兴致降低。博士生教育也面临着同样的问题。

1989—2014 年,虽然本科生和博士生数量以及高校入学率翻了 3 倍,但高等教育公共支出在国内生产总值的比重从 0.98% 下降到 0.58%。2013 年和 2014 年国家预算法设定支持高等教育的资金分别为 € 449.9、€ 430.8(前者占当年 GDP 预算的 0.61%,后者占当年 GDP 预算的0.58%)。高等教育财政方面支出的下降直接影响到了高等教育的培养质量。2012 年,高教研发(Higher Education Research & Development,简称HERD)份额占当年 GDP 的 0.28%,而高教研发 HERD 商务支出在 2012年 GDP 的比重则近乎为零。

斯洛伐克高校专心教学,大多数高校的科研质量是中等偏低。2015 年世界大学网络计量排名(Webometrics Ranking of World Universities)前1 000 名高校中,只包含两所斯洛伐克大学(布拉迪斯拉发夸美纽斯大学排名 599,布拉迪斯拉发斯洛伐克理工大学排名 746)。

2012 年,斯洛伐克政府指出了高等教育的"高"数量和"低"质量问题,由此提出禁止申请新的高校计划。然而,只要符合法律所设定的高校成立

---

① 以上信息整理自 http://erawatch.jrc.ec.europa.eu/erawatch/opencms/information/country_pages/sk/country? section=ResearchPerformers&subsection=HigherEducationInstitutions 和 http://www.euroeducation.net/prof/slovakco.htm。

条件,政府便很难否决新高校的申请。政府认为新成立的大学的主开设学习项目应该为市场营销、国际商务和德国旅游,提倡培养这方面的专家,因为这些学科专业的举办成本比较低,可以在短时间内见到成效。

有关研究人员的国际流动性较少,从一个侧面体现出斯洛伐克的教育国际化程度。欧盟统计局的相关数据显示,2011 年斯洛伐克研究人员 97.9% 为国内人士,国际研究人员仅占 2.1%。斯洛伐克在移民国家排名中移民率最高。现在没有准确数据显示斯洛伐克科学研究人才的外流,但人才流失被认为是该国的一个严重问题。[①]

斯洛伐克主要的高等教育机构有公立大学 20 所,国立大学 3 所,私立大学 12 所。

表 15.1 斯洛伐克高等院校一览表

序号	英文名称	中文名称	性质
1	Comenius University in Bratislava	布拉迪斯拉发夸美纽斯大学	公立
2	Slovak University of Technology in Bratislava	布拉迪斯拉发斯洛伐克理工大学	公立
3	Technical University of Košice	科希策理工大学	公立
4	Pavol Jozef Šafárik University in Košice	科希策帕沃尔约瑟夫利克大学	公立
5	University of Constantinus the Philosopher in Nitra	尼特拉君士坦丁哲学大学	公立
6	Slovak University of Agriculture in Nitra	尼特拉斯洛伐克农业大学	公立
7	University of Prešov in Prešov	普雷绍夫大学	公立
8	Technical University in Zvolen	兹沃伦理工大学	公立

---

① 资料来源:Institute for Information and Forecasts in Education。

续表

序号	英文名称	中文名称	性质
9	University of Žilina	日利纳大学	公立
10	Matej Bel University in Banská Bystrica	班斯卡-比斯特里察马捷倍儿大学	公立
11	University of Economics in Bratislava	布拉迪斯拉发财经大学	公立
12	University of Trnava in Trnava	特尔纳瓦大学	公立
13	Slovak Medical University in Bratislava	布拉迪斯拉发斯洛伐克医科大学	国立
14	Catholic University in Ružomberok	鲁容贝罗克天主教大学	公立
15	Alexander Dǔbcek University in Trěncín	特伦钦亚历山大杜布切克大学	公立
16	University of St Cyril and Methodius of Trnava	特尔纳瓦圣西里尔和迪乌斯大学	公立
17	University of Veterinary Medicine in Košice	科希策兽医大学	公立
18	Academy of Performing Arts in Bratislava	布拉迪斯拉发表演艺术学院	公立
19	St Elizabeth College of Health and Social Work in Bratislava	布拉迪斯拉发圣伊丽莎白医疗社工学院	私立
20	Pan European University (Bratislava School of Law)	潘欧大学(布拉迪斯拉发法学院)	私立
21	General Milan Rastislav Štefánik Armed Forces Academy in Liptovský Mikuláš	利普托夫祖林达米兰拉斯蒂斯拉夫斯特凡尼克将军国防学院	国立
22	Selye János University in Komárno	科马拉诺亚诺什塞尔耶大学	公立
23	Academy of Arts in Banská Bystrica	班斯卡-比斯特里察艺术学院	公立
24	College of Public Administration Economics and Management	公共经济管理学院	私立
25	College of Management in Trěncín	特伦钦管理学院	私立

序号	英文名称	中文名称	性质
26	Academy of Fine Arts and Design Bratislava	布拉迪斯拉发美术设计学院	公立
27	Police Academy in Bratislava	布拉迪斯拉发警务学院	国立
28	Central European College in Skalica	斯卡里卡中欧学院	私立
29	Security Management College in Košice	科希策安全管理学院	私立
30	Bratislava International School of Liberal Arts	布拉迪斯拉发人文国际学校	私立
31	International School of Management in Prešov	普雷绍夫国际管理学院	私立
32	College of International and Public Relations Prague	布拉格国际与公共关系学院	私立
33	Vysoká škola Danubius	丹比斯赫里亚学院	私立
34	Ján Albrecht Music and Art Academy in Banská Štiavnica	班斯卡-什佳夫尼察阿尔布雷希特扬音乐艺术学院	私立
35	Technical Institute of Dubnica in Dubnica nad Váhom	杜布尼察（Dubnica）技术学院	私立

15.3 概要总结

政权更迭对于斯洛伐克高等教育的发展带来不利影响，1989 年之后高教的快速扩张也导致了教育质量下降以及高教供过于求等问题。这些问题也直接影响了该国高等教育机构的国际排名整体靠后。不过，结合本课题的研究视角，斯洛伐克商科管理类学科教育还是有不少值得研究的地方，此处以布拉迪斯拉发夸美纽斯大学管理学院作具体介绍。

布拉迪斯拉发夸美纽斯大学管理学院是依据世界工商学院的建立原则于 1991 年成立,拥有德高望重的教授、副教授,优秀的学生,良好的企业合作,高质量的科研项目,广泛的国际交流,先进的技术等。该学院开设部门有:管理部、经济金融部、战略创业部、市场营销部、信息系统部。多年来,学校一直在向社会输出优秀人才,评定参照指标主要有 Young Talents,欧洲学生指数(European Student Barometer),EDUNIVERSAL。Young Talents 是对经管学院毕业生专业知识技能及 IT 技能的一种认证,夸美纽斯大学管理学院在这一方面一直处于领先地位。European Student Barometer 是欧洲规模最大的学生研究项目,约有 9 万余名学生,分别来自欧洲 20 国的 550 所高校。EDUNIVERSAL 是由法国人力资源咨询公司和评估机构 SMBG 所设立的一个关于高等教育的大学排名,其目的主要是为全世界各地的学生提供一种工具,能够用一种国际化的标准为他们的选择提供参考。EDUNIVERSAL 建立了一个世界最佳 1 000 商学院的排名,涵盖了全球 154 个国家。该排名既有基于星级评定的不同区域比较的横向等级(Dean's Vote),也有基于一个区域和国家纵向等级(Palms)。①2008 年的评估结果中,该学院在商科院校类的等级为优秀,成为斯洛伐克唯一一个在全球商科院校排名前 1000 名的学院。该校管理学院超过 80% 的学生会选择至少一个学期与国际院校交换学习,主要合作院校有康奈尔大学(美国)、蒙特克莱尔大学(美国)、维恩大学(德国)、维尔纽斯大学(立陶宛)、华沙大学(波兰)、奥斯陆大学(挪威)、布鲁塞尔自由大学(荷兰)、格罗宁根大学(荷兰)、乌迪内大学(意大利)、都柏林城市大学(爱尔兰)、科英布拉大学(葡萄牙)等。该校管理学院的培养计划有本科、硕士、博士三个层次:

---

① 引自 http://www.som.zju.edu.cn/bangong/news/24705.html。

本科教育学制为 3 年,颁发学士学位证书,主要开设专业有管理、管理信息学、国际管理(法语、德语)。学生入学考试课程有数学、英语,国际管理专业的学生附加法语或德语。此阶段的学习计划旨在让学生习得该领域内的基础知识,为之后的社会实践或更高层次的学习打下理论基础。第一学年的课程主要有管理、经济、会计、信息技术、数学、管理经济学、管理英语等基础课程;第二学年的课程主要有人事管理、统计学、金融管理、市场营销、商务法律、管理英语;第三学年的课程主要有创业学、货币银行学、项目管理、管理控制、劳动法、国际经济关系。

硕士教育学制为 2 年,颁发硕士学位证书,主要开设专业有管理、国际管理(法语、德语)。第一学年开设课程主要有金融管理、市场管理、组织行为学、信息系统管理、决策管理。第二学年开设的课程主要有战略管理、项目管理。本科与硕士教育的培养模式有两种,一种是全日制,另一种是和其他国际高校联合培养,主要合作高校有:韦伯斯特大学、圣路易斯大学、密苏里大学等。上课可以选择实体教学,也可以选择网络课程。

博士教育颁发博士学位证书。该阶段的培养计划旨在让学生了解该领域内最前沿的信息,侧重于学生的科研创新能力培养。主要评估方式有年度评估、论文考试、论文答辩。[①]

应该看到,斯洛伐克总体高等教育质量并不高,但是以布拉迪斯拉发夸美纽斯大学管理学院为代表的一批高等教育机构,因其广泛的国际交流与合作等原因,在商科管理类学科的发展和治理方面理念比较先进,教学设置比较合理,发展较快,与 EQUIS 国际认证的相关指标体系结合的比较紧密,这使得该国相关高等教育机构跻身 EQUIS 国际认证名录值得期待。

---

① 以上信息整理自 https://emanager.sk/fmuk_presentation_eng/index.html。

第 16 章

斯洛文尼亚高等教育

16.1 斯洛文尼亚国家概况[①]

斯洛文尼亚共和国位于欧洲中南部,巴尔干半岛西北端,面积 2.02 万平方千米,人口 205.7 万(2012 年),其中斯洛文尼亚族约占 83%,少数民族有匈牙利族、意大利族和其他民族,居民主要信奉天主教,官方语言为斯洛文尼亚语,首都卢布尔雅那(Ljubljana)。斯洛文尼亚气候分山地气候、大陆性气候和地中海式气候,布莱德湖世界闻名,森林覆盖率达 66%,森林和水力资源丰富。斯洛文尼亚曾是南斯拉夫社会主义联邦共和国成员之一,1991 年 6 月成为独立主权国家;1992 年 5 月加入联合国;2004 年 3 月和 5 月先后成为北约和欧盟正式成员。斯洛文尼亚拥有良好的工业、科技基

[①] 部分资料整理自中华人民共和国外交部:斯洛文尼亚国家概况[DB/OL],2014 年 8 月,http://www. fmprc.gov.cn/web/gjhdq_676201/gj_676203/oz_678770/。

础;2005 年在全球国家竞争力排行榜上名列第 32 位,属于发达国家。2013
年国内生产总值 354.66 亿欧元,人均国内生产总值 17 244 欧元,通货膨胀
率 1.5%,失业率:12%,经济总量居中东欧十六国第八位。根据联合国开
发计划署(UNDP)发布的《2014 年人类发展报告》,斯洛文尼亚的人类发展
指数(HDI)0.88,属于极高人类发展水平组,排名第 25 位,其中教育指数
0.863,属于极高教育发展水平组。

16.2　高等教育

斯洛文尼亚共和国很重视高等教育,67%的适龄人口都在接受高等教
育。全国共有 3 所国立综合性大学,在校生 81 617 人,其中三分之二学生
就读于卢布尔雅那大学(the University of Ljubljana)。高等教育占总公共支
出的比例约 1.25%,放眼欧洲这个比例并不算低,并且远远领先于前南斯
拉夫和巴尔干半岛的邻居。

斯洛文尼亚的高等教育有较长的历史,它最早起源于中世纪和宗教改
革时代。第一所高校是宗教哲学学院,于 1773 年成立于卢布尔雅那。斯
洛文尼亚实行 12 年的义务教育和 8—4—4 学制,分别是 8 年初等教育、4
年中等教育和 4—6 年的第三级教育。第三级教育机构包括大学、学院、
艺术院校或职业院校。所有的高等教育机构都有依据法律法规进行自
治管理的权利,同时在选拔或选举教职员工上也一样享有自主权。相关
选拔和选举由校长、决策委员会(Senate)、行政委员会和学生理事会、院
长和学术大会共同决定。除了教学外,高等教育机构也进行研究和提供
艺术活动。

斯洛文尼亚的高等教育由《高等教育法案》(1993 年颁布,1999 年和
2004 年分别进行修订)进行约束和规范。法律规定了高等教育的整体大
框架,这个框架可细分为高等教育机构的地位、管理、教职员工、学生的权
力和义务、财政来源、教育质量的监控、公共服务或在国家整体框架下的满
足公共利益需求的特定行为等。新的立法引入的最重要的特性是:大学的
新角色(从一个由若干个独立学院组成的组织转变为一个综合性大学)、单
一的高等教育机构的创建、一些大院系的分离、高等教育系统的结构的改
变、文凭补充的实行和博洛尼亚宣言约定的三个层次的高等教育体系的逐
步实现。①

公立高等教育对本地全日制学生及欧盟成员国的学生免费,非全日
制学生和研究生则不适用。《高等教育法案》规定,高校的教师必须至少
拥有大学本科学历和三年相应的工作经验,并在他们所在的专业领域有
杰出成就。另外,值得一提的是,在斯洛文尼亚并无专门的高等教育教
师的培训。

斯洛文尼亚各个管理机构在高等教育中扮演的角色如下:高等教育委
员会与科学技术委员会负责高等教育系统的设计、现状与发展;国民大会
审批高教以及研究项目的总体规划,这些规划里包括学习、研究、民族艺术
等领域以及高等教育各项活动的标准和财政拨款;政府在充分咨询了高等
教育委员会和科学技术委员会以后,负责准备总体规划草案。高等教育委
员会提供意见给政府,阐述对高等教育的总体规划,开展认证程序,并给出
各种研究规定(高教研究在内)、评估现状和发展,提出对研究规定实施的
手段和措施,提出国家预算资金的分配额(高等教育机构的研究项目在
内),拟定研究项目和青年研究人员,然后按优先级别排序。学生事务理事

---

① 根据 http://www.euroeducation.net/prof/slnco.htm 的内容整理翻译。

会讨论学生的问题和学习的社会条件，并对此给出意见和建议。教育部长决定招生配额、学费、学宿及学生的其他权利和义务、文凭说明书①等。因此，教育部长提出与招生限制、学费、研究的费用相关的规定。公立高等教育机构有对自己财产的所有权和管理权，尽管它们大部分的活动都是财政资金支持的。由创办人、学生代表、教职员工代表组成的校董会则有权决定学校的有关财政问题。

斯洛文尼亚高等教育保障处（NAKIVS）负责高校的资格认证和质量保障。2013 年，NAKIVS 注册为欧洲质量保障机构（EQAR）的一员。高校要取得颁发学位证书的资格必须得通过 NAKIVS 的认证。该机构的管理委员会成员由政府、校长协会、高校联盟会以及其他高等教育机构共同指定。如果在学习课程项目上有任何变化，都需要由该委员会批准。

斯洛文尼亚于 1999 年签署了《博洛尼亚宣言》，并依此实施了博洛尼亚进程中的高等教育的三层次学位体系：学士（Bachelor）—硕士（Master）—博士（Doctorate）。第一阶段既本科教育阶段为二元结构，分为学术研究型的本科教育和应用研究型的本科教育。学制为 3—4 年，要完成 180 或 240 个 ETCS 学分②。要进入本科阶段的学习首先要获得普通文凭（对应为中国的高中文凭）或者中专文凭。但是中专文凭只能进入应用研究型的院系或短期的大专院校（两年）。中专文凭可以通过考试转为普通文凭，从而获得和普通高中生一样的机会。除此之外，大学的录取的门槛还有成绩、专业技能、才艺等。在完成了本科阶段的学习后可以进入第

---

① "文凭说明书"是欧洲大学联盟、欧盟理事会与联合国教科文组织共同设计的、具体描述文凭所代表的学习内容，旨在提供足够的独立的数据，以提高国际透明度和公平的学术和专业承认，是一份全面介绍学习科目的解释性文件。所有"博洛尼亚宣言"的签约国都要求本国高等教育机构为大学毕业生颁发"文凭说明书"。

② 统一欧洲高等教育三层次体系的基本原则——学分转换和积累系统（ECTS）。一个 ECTS 学分意味着 25 个学习小时，其中包括 5 小时的上课时间、12 小时的课外作业和社会实践、7 小时的教师辅导、1 小时的考试。

二阶段-硕士研究生教育,学制为 1—2 年,取得硕士学位需完成 60 或 120 个 ECTS 学分。同时,也可以通过 5 年(3+1 或 4+1)的本硕连读项目获得硕士学位。继而进入第三阶段—博士研究生教育,学制一般为 3—4 年,不作学分要求。一般来说,只有研究生可申请博士,但是在本科阶段学习了 4—6 年而且成绩优异的学生也可申请。目前,只有大学、学院以及艺术院校可提供所有阶段的教育。短期的专科教育只能提供第一阶段的教育。①除此之外,完成远程的高等教育也可取得相应文凭。卢布尔雅那大学经济学部提供远程教育课程,完成后可取得高等教育文凭。目前,非传统的教育研究正在开发中。

　　斯洛文尼亚有 5 所大学,1 所公立学院以及 25 个私人成立的高等教育机构。②5 所大学中,有 3 所国立大学,2 所私立大学(见表 16.1)。

表 16.1　斯洛文尼亚高等院校一览表

学　校　名　称	性　　质
卢布尔雅那大学(the University of Ljubljana)③	公立
马里博尔大学(the University of Maribor)④	公立
普利莫斯卡大学(the University of Primorska)⑤	公立
诺瓦·格里卡大学(the University of Nova Gorica)	私立
欧洲地中海大学(Euro-Mediterranean University)	私立

---

① 根据 https://www.nuffic.nl/en/library/country-module-slovenia.pdf 的内容整理翻译。
② http://www.slovenia.si/study/where-what/higher-education-institutions/list-of-higher-institutions-in-slovenia/
③ 卢布尔雅那大学成立于 1919 年,是卢布尔雅那唯一的大学,是斯洛文尼亚历史最悠久、规模最大的高等学院,有 23 个系,3 个学院。
④ 马里博尔大学始建于 1859 年,是斯洛文尼亚一流的公立研究型综合大学,以其严谨治学和学术自由在中欧和南欧地区声誉卓著。总校坐落于"欧洲文化之都"——马里博尔市中心,其余 7 个校区分布在斯洛文尼亚境内不同城市。截至 2013 年,共有 17 个学院。该校是欧盟伊拉斯莫斯高等教育交流计划(Erasmus Mundus)的重点资助高校。
⑤ 普利莫斯卡大学建于 2003 年,共有 6 个院系和一个独立学院。

16.3　案例研究：卢布尔雅那大学经济学院①

16.3.1　基本情况

卢布尔雅那大学成立于 1919 年,它植根于几个世纪的欧洲教育传统,曾在半个世纪里是斯洛文尼亚唯一的一所大学。学校坐落在阿尔卑斯山脚的斯洛文尼亚首都卢布尔雅那,是一座典型的中南欧大学城。卢布尔雅那约有 30 万居民,其中约五分之一为在校大学生。卢布尔雅那大学规模庞大,学校由招生、教学、人事和财务等行政权力各自独立的 22 个学院、3 个艺术类学院和 1 个高职学院组成,拥有理、工、文、商、医及艺术门类的 130 个本科专业、110 个硕士和博士研究生专业,共有 6.3 万多在校本科生和研究生。

卢布尔雅那大学的各个学院分别位于卢布尔雅那市的不同地区,拥有各自独立的校园,而大学总部则位于市中心的国会广场。各个学院的行政文件应报总部备案,专业建立、学生录取、人事聘任、学位颁发等重要文件由各学院院长签署,但须呈报大学校长签字方能生效。若无特殊理由,大学校长原则上不干预各个学院的决定。卢布尔雅那大学在 21 世纪之前基本采用的是欧洲的传统学制。其中,只有文学院例外。文学院直到 2009 年之前,一直采用双学士学位制,要求学生在大学期间必须修完文学院内的两个本科专业,毕业考试及论文答辩均合格才被授予双学士学位。2009

---

① 本案例内容主要选自叶蓉、宋彩萍:《斯洛文尼亚卢布尔雅那大学经济学院教育模式研究》,《对外经贸教育研究》2009 年第 1 期。

年 9 月以后,卢布尔雅那大学各个学院均根据"博洛尼亚进程"(Bologna Process)的要求,将原有学制①改成了当前的"3(本科)＋2(硕士)＋3(博士)"模式。

卢布尔雅那大学经济学院成立于 1946 年,目前是卢布尔雅那大学最大的学院,也是具有独立建制的商学院,在中南欧享有较高的办学声誉。根据 2009 年 1 月的统计数据,经济学院拥有在校本科学生 8 728 人、硕士研究生 1 100 名、博士研究生 124 人,共有 157 名教职员工。

16.3.2　院系设置

作为斯洛文尼亚境内规模最大、声誉最高的商学院,卢布尔雅那大学经济学院拥有齐备的商科院校专业设置,学院共拥有以下 14 个院系、研究院和中心:

(1) 商务信息学院,Business Informatics Institute(IPI);

(2) 企业家发展中心,Centre for Entrepreneurship Development(CRP);

(3) 东南欧研究院,Institute for South-Eastern European Studies(ISEE);

(4) 公共事业学院,Public Sector Institute(IJSEF);

(5) 营销学院,Marketing Institute;

(6) 法学院,Law Institute;

(7) 统计学院,Statistics Institute(SIEF);

(8) 旅游学院,Institute for Tourism;

---

① 传统学制与新学制的主要区别是:一是欧洲传统的 1 个学分表示相当于多少学时的课(即上课时间);而现在的新学分制,1 个 ECTS 学分对应 25 至 30 个小时的学习(最少应包含 5 学时的上课时间＋12 小时的课外作业和社会实践＋7 学时的教师辅导＋1 学时的考试);二是改变过去本、硕两段式教育合一的做法,参照美国模式,建立本科＋硕士＋博士(3＋2＋3)的三段式教育体系;学士学位要求学生得到 180—240ECTS,硕士学位要求学生得到 90—120 ECTS,博士学位要求通常为 3 年,但不受"博洛尼亚进程"体系改革的影响,仍按照过去博士研究生培养模式教学,论文答辩合格则授予博士学位。

（9）组织管理学院，Management and Organization Institute（IMO）；

（10）会计与审计学院，Accounting and Auditing Institute；

（11）宏观经济学院，Macroeconomics Institute；

（12）货币与金融学院，Money and Finance Institute；

（13）欧洲项目研究院，Institute for European Programs and Studies（IEPŠ）；

（14）社会经济学与行业预测学院，Institute for Socioeconomic and Business Evaluation。

以上各个学院、研究院和中心均具有培养硕士研究生和博士研究生的资格，本科生教育则主要由各个学院承担，研究院和中心不招收本科学生。

16.3.3　EQUIS 认证标准对卢大经济学院的作用

卢布尔雅那大学经济学院于 2006 年获得 EQUIS 认证。EQUIS 认证标准中有两个最主要的标准，即"国际化程度"和"与企业界的联系"两项。

"与企业界的联系"主要考察学校对客户的导向程度、与国内外优秀企业的接触程度以及企业对学校的投资及资金的运作使用情况等。此外，还要考察学校开拓与企业界的联系的策略与方针、学校与企业伙伴之间关系的密切程度等。卢布尔雅那大学经济学院与企业界的联系主要表现为重视建立教育研究与企业界之间的纽带。卢布尔雅那大学经济学院拥有一批稳定的企业伙伴，他们在卢布尔雅那大学经济学院的教育模式中扮演着多重重要角色。他们担当学院的管理顾问，加入商务咨询委员会为学院发展提供策略指导；进入学院指导委员会成为教育质量保证体系的监督成员。同时，作为雇主和公司的管理者，他们又通过职业服务中心同卢布尔雅那大学经济学院各个层次的毕业生产生联系。另一方面,作为客户,他们又是学院咨询和研发项目的受益者,他们通过直接委托学院研发或者间接通过一些公共研究资金来开发项目并从中获益。因此,企业伙伴既是卢布尔雅那大学经济学院教学和科研的积极参与者,也是学院的赞助商和捐赠人,学院的许多设施,如建筑、教室的装修、IT 教学设备,还有学术会议等,都得到过企业伙伴的资助。

卢布尔雅那大学经济学院十分重视学院的国际化程度建设,该项指标是其 2006 年获得 EQUIS 认证得分最高的项目,其致力于国际化程度的步伐始终没有停止过。"国际化程度"既要看师资和学生国籍的多元化,也要看课程内容和教学的国际化程度。卢布尔雅那大学经济学院在国际化建设方面卓有成效的举措主要有以下几种:

第一,专业设置注重国际化。注重各专业所开课程的国际化,大部分课程用英语教学,不少专业特别是在研究生教育阶段采用全英文培养模式,因此毕业生在欧洲劳动市场上具有较强的竞争力。

第二,努力开拓全球范围内的教育合作。卢布尔雅那大学经济学院与其他国家的大学共签订国际合作协议 150 项,其中 130 项与欧洲埃拉斯莫斯(EU-Erasmus)学生互动和教师交流项目有关,真正与位于亚、非、美、澳的其他国家的合作协议约有 20 项。目前,世界上有 50 多个国家承认卢布尔雅那大学经济学院的学历,如欧盟各国、中国、加拿大、美国、俄罗斯、韩国、墨西哥等等。全院每年各专业共计有 80 多名教师和 15 名管理人员有机会到其他国家参加学术会议、任教或交流;约有 200 名学生可以得到出国留学机会;约有 500 名左右外国学生到卢布尔雅那大学留学。留学生人数以 2009 年度为例,有来自马其顿、克罗地亚、波黑及其他国家的全日制本科生 142 人;来自世界各个地区的全日制硕士研究生 120 人;校际交换生 219 人。目前,卢布尔雅那大学经济学院正准备面向全球大学本科生及

表 16.2　卢布尔雅那大学经济学院全英文培养专业目录表

专业层次	专业名称	学制及学位
本科专业	市场营销学 Marketing	学制 3 年,学士学位
硕士专业	国际商务 Master in International Business	学制 2 年,硕士学位
	全日制国际生商务管理硕士 International Full time Master in Business Administration	学制 18 个月,硕士学位
	ICPE 商务管理硕士 Master in Business Administration(programe of the International Center for Promotion of Enterprises)①	学制 2 年,硕士学位
	银行与财务管理 Master in Bank and Financial Management	
	货币与金融学 Master in Money and Finance	学制 2 年,双硕士学位,Double degrees
	经济学 Master in Economics	
	信息管理学 Master in Information Management	
	欧洲旅游管理硕士 European Master in Tourism Management	学制 2 年,3 校联合培养硕士学位,Joint degree
	公共管理与环境经济学 Public Sector and Environmental Economics	学制 2 年,三方联合硕士学位,Triple degree
博士专业	经济学和商务学 Doctoral Programme in Economics and Business	学制 3 年,博士学位

硕士、博士研究生推出为期 3 周的夏季培训班。这个班的主要培训项目有:公司参观、与来自世界各地的人交往、推出一系列符合"博洛尼亚进程"的 ECTS 学分课程,此外还将推出丰富的社会文化课程。所有课程将由斯洛文尼亚本国教师和外国交流教师执教。初步统计,2010 年夏天将有来

---

① The International Center for Promotion of Enterprises(ICPE),国际企业提升中心,是由联合国赞助的政府间合作组织,成员国来自拉丁美洲、亚洲、非洲和欧洲。该组织的使命是提升成员国地区的国际合作及技术转让,通过研修、培训和信息咨询等提高这些地区企业家适应社会转型的能力。该组织总部设在斯洛文尼亚首都卢布尔雅那。

自 25 个国家的 200 名学生。在各种教育合作中最有特色的是在欧洲范围内的合作办学，颁发双文凭和联合文凭等。目前，这种合作主要集中在硕士学位层面上。卢布尔雅那大学经济学院与西班牙、挪威、荷兰等国的一些公立大学合作开办了多种专业的硕士学位课程，学生可以在两地的大学学习，获得两个大学共同颁发的双硕士文凭。这种合作为培养复合性、国际性的人才开创了新的教育模式。

第三，创建商务孔子学院，进一步提升国际化程度。2009 年 8 月，中国政府正式授权在卢布尔雅那大学建立孔子学院，卢布尔雅那大学经济学院成为承办主体。国家汉办与斯洛文尼亚卢布尔雅那大学合作共建孔子学院的协议在回良玉副总理访问斯洛文尼亚期间成功签署。在孔院筹建的全过程中，卢布尔雅那大学经济学院在人力、物力上均有大量投入。从在斯洛文尼亚开设孔子学院的可行性调研、中方合作院校资质调研、申办孔子学院意向书、项目计划书、与中国国家汉办的合作协议、与中方合作院校的执行协议、孔子学院两年初步工作计划等调研性工作，到具体的为孔子学院提供合适的办公场地、提供必备的条件及设施、委派专职和兼职的孔子学院管理人员、为中国派来的孔子学院教师提供住宿与医疗保险、为其申请签证提供援助等事务性工作，卢大经济学院的孔院负责人都付出了艰苦的劳动。

16.4　概要总结

斯洛文尼亚教育投入充分，早在 2009 年教育支出就达到 21.2 亿欧元，占国内生产总值 5.7%。高等教育历史悠久，发展较完备，教育水平较高，卢布尔雅那大学经济学院通过了 EQUIS 国际认证,是中东欧地区仅有的两所通过认证的院校之一。该国 3 所国立综合性大学的国际合作发展良好,卢布尔雅那大学除了和欧美发达国家积极发展校际合作以外,近年来与中国等发展中国家的教育合作也不断升温,如其与上海对外经贸大学合作开设的孔子学院于 2010 年便正式运行,以及于 2014 年 9 月加入新成立的"中国—中东欧国家高校联合会";马里博尔大学鼓励学生和学者的国际交流,并且积极参与国际组织、网络和项目,是各类国际协会的成员,例如欧洲大学联盟(EUA)、欧洲技术类高校校长和主席联席会议(CRP)、阿尔卑斯-亚德里亚校长联席会议(AARC)、教育改革组织(LEO-NET)、多瑙河校长联席会议(DRC)、欧洲学术 & 体育服务网络(ENAS)和欧洲文化之都大学网络(UNEECC),该校自 1999 年以来积极参与伊拉斯谟计划(Erasmus Programme),与全世界五大洲数百所高校签订了校际合作交流协议。

较完备的高等教育法律保障、悠久的办学传统、科学的管理与评估体系、国际化的合作平台等因素使得斯洛文尼亚的高等教育走在中东欧地区的前列,其集中优势资源于 3 所国立综合性大学的做法有助于提升相关院校的国际影响力。相信在卢布尔雅那大学经济学院的先例带动下,该国还会陆续有高校通过 EQUIS 国际认证。

附录1

46个签署《博洛尼亚宣言》成员国一览表

序号	国 家	加入时间	序号	国 家	加入时间
1	意大利	首批	15	拉脱维亚	首批
2	德国	首批	16	爱尔兰	首批
3	比利时	首批	17	冰岛	首批
4	英国	首批	18	匈牙利	首批
5	瑞士	首批	19	法国	首批
6	瑞典	首批	20	芬兰	首批
7	斯洛伐克	首批	21	爱沙尼亚	首批
8	希腊	首批	22	丹麦	首批
9	罗马尼亚	首批	23	西班牙	首批
10	葡萄牙	首批	24	捷克	首批
11	挪威	首批	25	保加利亚	首批
12	波兰	首批	26	奥地利	首批
13	摩尔多瓦	首批	27	荷兰	首批
14	卢森堡	首批	28	马耳他	首批

续表

序号	国　家	加入时间	序号	国　家	加入时间
29	斯洛文尼亚	首批	38	塞尔维亚	2003
30	克罗地亚	2001	39	马其顿	2003
31	塞浦路斯	2001	40	亚美尼亚	2005
32	土耳其	2001	41	阿塞拜疆	2005
33	阿尔巴尼亚	2003	42	格鲁吉亚	2005
34	安道尔	2003	43	摩尔达维亚	2005
35	波斯尼亚和黑塞哥维那	2003	44	乌克兰	2005
36	梵蒂冈(罗马教廷)	2003	45	黑山	2007
37	俄罗斯	2003	46	列支敦士登	2005

注:首批申请加入博洛尼亚进程的 29 个国家,时间为 1999 年。

附录 2

中东欧十六国通过 AACSB 会员及通过认证高校一览表(截至 2015 年 8 月)

序号	国家	通过认证高校名称	备注
1	阿尔巴尼亚	无	
2	波黑	University of Sarajevo 波黑萨拉热窝大学 School of Economics and Business 经济与工商管理学院	会员单位
3	保加利亚	International University College 保加利亚国际大学	会员单位
4	克罗地亚	University of Zagreb 萨格勒布大学 Faculty of Economics and Business 经济与工商管理学院	会员单位
		Zagreb School of Economics and Management 萨格勒布经济管理学院 School of Economics and Management 经济管理学院	通过认证
5	捷克	University of Economics, Prague 布拉格经济大学	会员单位
		University of New York in Prague 布拉格纽约大学	会员单位

续表

序号	国家	通过认证高校名称	备注
6	爱沙尼亚	Tallinn University of Technology 爱沙尼亚塔林理工大学 Tallinn School of Economics and Business Administration 经济与工商管理学院	会员单位
7	匈牙利	Corvinus University of Budapest 布达佩斯考文纽斯大学 Faculty of Business Administration 工商管理学院	会员单位
		University of Pannonia 匈牙利潘诺尼亚大学 Faculty of Business and Economics 工商与经济学院	会员单位
8	拉脱维亚	RISEBA 拉脱维亚里加国际经济与工商管理学院	会员单位
		Turiba University Faculty of Business Adminitration 拉脱维亚工商管理学院	会员单位
9	立陶宛	无	
10	马其顿	无	
11	黑山	无	
12	波兰	Kozminski University 波兰考明斯基大学	通过认证
		Nicolaus Copernicus University 托伦哥白尼大学 Faculty of Economic Sciences and Management	会员单位
		University of Warsaw 华沙大学 College of Business 商学院	会员单位
13	罗马尼亚	The Institute for Business Administration in Bucharest-ASEBUSS 布加勒斯特工商管理学院	会员单位
14	塞尔维亚	无	
15	斯洛伐克	University of Economics in Bratislava 布拉迪斯拉发经济大学	会员单位

续表

序号	国家	通过认证高校名称	备注
16	斯洛文尼亚	IEDC-Bled School of Management 布莱德管理学院	会员单位
		University of Ljubljana 卢布尔雅那大学 Faculty of Economics 经济学院	通过认证
		University of Maribor 马里博尔大学 Faculty of Economics and Business 经济与工商管理学院	会员单位

附录 3

全球通过 EQUIS 认证高等院校名单(按各国国名拉丁字母排序)

序号	英文名称	中文名称	认证周期
	阿根廷(ARGENTINA)		
1	IAE Business School, Universidad Austral	奥斯特瑞尔大学 IAE 商学院	5 年
	澳大利亚(AUSTRALIA)		
2	Melbourne Business School	墨尔本商学院	5 年
3	Monash Business Schoool, Monash University	莫纳什大学莫纳什商学院	5 年
4	QUT Business School, QUT-Queensland University of Technology	昆士兰科技大学商学院	5 年
5	Business School, The University of Western Australia	西澳大学商学院	5 年
6	Australian School of Business, University of New South Wales	新南威尔士大学商学院	5 年

附录 3　全球通过 EQUIS 认证高等院校名单

续表

序号	英文名称	中文名称	认证周期
7	UQ Business School，University of Queensland(5 years)	昆士兰大学商学院	5 年
8	UniSA Business School，University of South Australia	南澳大学商学院	3 年
9	University of Sydney Business School	悉尼大学商学院	3 年
奥地利（AUSTRIA）——欧盟国			
10	WU Vienna University of Economics and Business，Wirtschaftsuniversität Wien	奥地利维也纳经济管理大学	5 年
比利时(BELGIUM)——欧盟国			
11	Faculty of Economics and Business，KU Leuven	鲁汶大学管理与经济学院	3 年
12	Solvay Brussels School of Economics and Management，ULB-Université Libre de Bruxelles	布鲁塞尔自由大学商学院	3 年
13	Louvain School of Management，UCL-Université Catholique de Louvain	法语天主教鲁汶大学管理学院	3 年
14	Vlerick Business School	根特大学商学院	5 年
巴西(BRAZIL)			
15	Coppead Graduate School of Business，Federal University of Rio de Janeiro	巴西里约联邦大学商学院	3 年
16	EAESP-Escola de Administração de Empresas de São Paulo，FGV—Fundação Getulio Vargas	巴西圣保罗商业管理学院	5 年
17	EBAPE-Escola Brasileira de Administração Pública e de Empresas，FGV—Fundação Getulio Vargas	巴西公共和商业管理学院	3 年
18	Fundação Dom Cabral	巴西卡布拉尔皇家基金会商学院	3 年

续表

序号	英文名称	中文名称	认证周期
加拿大（CANADA）			
19	HEC Montréal	蒙特利尔高等商学院	5 年
20	Desautels Faculty of Management，McGill University	麦吉尔大学德桑特尔斯商学院	5 年
21	Queen's School of Business，Queen's University	加拿大皇后大学商学院	5 年
22	Ivey Business School，Western University	加拿大西安大略大学商学院	5 年
23	York University，Schulich School of Business	约克大学舒立克商学院	5 年
24	Beedie School of Business，Simon Fraser University	西蒙弗雷泽大学商学院	5 年
25	Faculté des Sciences de l'Administration，Université Laval	拉瓦尔大学管理科学学院	5 年
26	Sauder School of Business，University of British Columbia	英属哥伦比亚大学商学院	5 年
27	Telfer School of Management，University of Ottawa	渥太华大学泰尔弗管理学院	3 年
28	Peter B. Gustavson School of Business，University of Victoria	维多利亚大学古斯塔弗森商学院	5 年
智利（CHILE）			
29	Escuela de Administración，Pontificia Universidad Católica de Chile	波第菲卡大学管理学院	3 年
30	School of Business，Universidad Adolfo Ibañez	阿道夫大学商学院	3 年
中国（CHINA）			
31	Antai College of Economics & Management，Shanghai Jiao Tong University	上海交通大学安泰经济管理学院	5 年

序号	英文名称	中文名称	认证周期
32	School of Management and Economics，Beijing Institute of Technology	北京理工大学管理与经济学院	3 年
33	CEIBS—China Europe International Business School	中欧国际商学院	5 年
34	College of Business，City University of Hong Kong	香港城市大学商学院	5 年
35	School of Management，Fudan University	复旦大学管理学院	5 年
36	Guanghua School of Management，Peking University	北京大学光华管理学院	5 年
37	School of Business，Hong Kong Baptist University	香港浸会大学商学院	3 年
38	Lingnan（University）College，Sun Yat-sen University	中山大学岭南学院	3 年
39	School of Business，Renmin University of China	中国人民大学商学院	5 年
40	School of Business Administration，Southwestern University of Finance and Economics	西南财经大学工商管理学院	3 年
41	Sun Yat-sen Business School，Sun Yat-sen University	中山大学中山商学院	3 年
42	Faculty of Business，The Hong Kong Polytechnic University	香港理工大学商学院	3 年
43	Faculty of Business and Economics，The University of Hong Kong	香港大学经济管理学院	5 年
44	School of Economics and Management，Tongji University	同济大学经济管理学院	3 年
45	School of Economics and Management，Tsinghua University	清华大学经济管理学院	3 年

续表

序号	英文名称	中文名称	认证周期
46	Business School，University of International Business and Economics	对外经济贸易大学商学院	3 年
47	School of Management，Xiamen University	厦门大学管理学院	3 年
48	School of Management，Zhejiang University	浙江大学管理学院	5 年
49	College of Commerce，Taiwan Chengchi University	台湾政治大学商学院	3 年
哥伦比亚（COLOMBIA）			
50	School of Management，Universidad de los Andes	洛斯安第斯大学管理学院	3 年
哥斯达黎加（COSTA RICA）			
51	INCAE Business School	INCAE 商学院	3 年
丹麦（DENMARK）——欧盟国			
52	Department of Business Administration，Department of Business Communication，and Department of Economics & Business，Aarhus University，School of Business and Social Sciences	奥尔胡斯大学商业和社会科学学院的企业管理系、商业通信系、经济学与工商学系	3 年
53	Copenhagen Business School	哥本哈根商学院	5 年
埃及（EGYPT）			
54	School of Business，The American University in Cairo	开罗美国大学商学院	3 年
芬兰（FINLAND）——欧盟国			
55	Aalto University School of Business，Aalto-yliopiston kauppakorkeakoulu	阿尔托大学商学院	5 年
56	Hanken School of Economics	汉肯经济学院	3 年

续表

序号	英文名称	中文名称	认证周期
法国（FRANCE）——欧盟国			
57	Aix-Marseille Graduate School of Management-IAE	法国埃克斯马赛大学研究生管理学院	3 年
58	Audencia Nantes，Ecole de Management	法国南特商学院	3 年
59	EDHEC Business School	法国北方高等商学院	5 年
60	EMLYON Business School	法国里昂商学院	5 年
61	ESC Rennes School of Business	法国雷恩高等商学院	3 年
62	ESCP Europe	巴黎欧洲管理学院	5 年
63	ESSEC Business School	巴黎高等经济商业学院	5 年
64	Grenoble Ecole de Management	格勒诺布尔管理学院	5 年
65	HEC Paris	巴黎高等商学院	5 年
66	ICN Business School	法国南锡商学院	3 年
67	IESEG School of Management Lille-Paris	IESEG 管理学院	3 年
68	INSEAD France，Singapore and Abu Dhabi	法国欧洲工商管理学院（新加坡和阿布扎比）	5 年
69	KEDGE Business School	法国马赛波尔多商学院	3 年
70	NEOMA Business School	诺欧商学院	3 年
71	SKEMA Business School	法国商科联盟国际商学院	5 年
72	Toulouse Business School	图卢兹商学院	5 年
73	Université Paris-Dauphine	巴黎第九大学	3 年
德国（GERMANY）——欧盟国			
74	EBS Business School，EBS Universität für Wirtschaft und Recht	德国 EBS 商学院	3 年
75	Frankfurt School of Finance & Management	法兰克福金融管理学院	3 年

续表

序号	英文名称	中文名称	认证周期
76	Faculty of Management, Economics & Social Sciences, University of Cologne	科隆大学管理学、经济与社会科学学院	3 年
77	University of Mannheim Business School	曼海姆大学商学院	5 年
78	WHU-Otto Beisheim School of Management	奥托贝森管理研究院	5 年
	印度(INDIA)		
79	Indian Institute of Management Bangalore (IIMB)	印度班可乐管理学院	3 年
80	Indian Institute of Management, Ahmedabad (IIMA)	印度阿罕默德管理学院	5 年
	爱尔兰(IRELAND)——欧盟国		
81	Smurfit School of Business and Quinn School of Business, University College Dublin	都柏林大学迈克尔·斯莫菲特商学院	5 年
	意大利(ITALY)——欧盟国		
82	Politecnico di Milano School of Management	米兰理工大学管理学院	3 年
83	SDA Bocconi School of Management	意大利伯克尼管理学院	5 年
	日本(JAPAN)		
84	Keio Business School, Keio University	庆应义塾大学商学院	3 年
	韩国(KOREA, REPUBLIC OF)		
85	KAIST College of Business	韩国高等科技学院商学学院	3 年
86	Korea University Business School	韩国高丽大学商学院	5 年
87	Yonsei University School of Business	韩国延世大学商学院	5 年
	墨西哥(MEXICO)		
88	Business School, Tecnológico de Monterrey	蒙特雷科技大学 EGADE 商学院	3 年

续表

序号	英文名称	中文名称	认证周期
89	ITAM Business School, ITAM—Instituto Tecnológico Autónomo de México	墨西哥自动化技术学院商学院	3 年
荷兰(NETHERLANDS)——欧盟国			
90	Amsterdam Business School, Universiteit van Amsterdam	阿姆斯特丹大学商学院	3 年
91	School of Business and Economics, Maastricht University	马斯特里赫特大学商学院	5 年
92	Nyenrode Business Universiteit	奈尔洛德商业大学	3 年
93	Rotterdam School of Management, Erasmus University	伊拉斯姆斯大学鹿特丹管理学院	5 年
94	University of Groningen, Faculty of Economics and Business	格罗宁根大学 经济及工商管理学院	3 年
新西兰(NEW ZEALAND)			
95	Business School, The University of Auckland	奥克兰大学商学院	5 年
96	Otago Business School, University of Otago	奥塔哥大学商学院	3 年
97	Victoria Business School, Victoria University of Wellington	惠灵顿维多利亚大学维多利亚商学院	3 年
98	Waikato Management School, The University of Waikato	怀卡托大学经济与管理学院	5 年
挪威(NORWAY)			
99	BI Norwegian Business School	挪威商学院	5 年
100	NHH Norwegian School of Economics	挪威经济学院	5 年
秘鲁(PERU)			
101	CENTRUM Católica Graduate Business School, Pontificia Universidad Católica del Perú	秘鲁天主教神学大学商学院	3 年

续表

序号	英文名称	中文名称	认证周期
波兰(POLAND)——欧盟国			
102	Kozminski University	科兹明斯基大学	5年
葡萄牙(PORTUGAL)——欧盟国			
103	Catolica Lisbon School of Business and Economics, Universidade Catolica Portuguesa	里斯本葡萄牙天主教大学经济与管理学院	5年
104	Nova School of Business and Economics (Nova SBE), Universidade Nova de Lisboa	里斯本诺瓦商学院	5年
俄罗斯(RUSSIA)			
105	Graduate School of Management, St. Petersburg University	圣彼得堡国立大学管理研究生院	3年
新加坡(SINGAPORE)			
106	Nanyang Business School, Nanyang Technological University	南洋理工大学南洋商学院	5年
107	NUS Business School, National University of Singapore	新加坡国立大学商学院	5年
108	Lee Kong Chian School of Business, Singapore Management University	新加坡管理大学李光前商学院	5年
斯洛文尼亚(SLOVENIA)——欧盟国			
109	Faculty of Economics, University of Ljubljana	卢布尔雅那大学经济学院	3年
南非(SOUTH AFRICA)			
110	Graduate School of Business, University of Cape Town	开普敦大学商学研究生院	3年
111	University of Stellenbosch Business School	斯坦陵布什大学商学院	5年
西班牙(SPAIN)——欧盟国			
112	EADA Business School Barcelona	巴塞罗那亿达商学院	3年

续表

序号	英文名称	中文名称	认证周期
113	ESADE Business School	西班牙 ESADE 商学院	5 年
114	IE Business School	西班牙企业学院	5 年
115	IESE Business School，University of Navarra	纳瓦拉大学商学院	5 年
瑞典（SWEDEN）——欧盟国			
116	Jönköping International Business School	延雪平国际商学院	3 年
117	LUSEM-Lund University School of Economics and Management	隆德大学管理与经济学院	5 年
118	Stockholm School of Economics	斯德哥尔摩经济学院	5 年
119	School of Business，Economics and Law，University of Gothenburg	瑞典哥德堡商业经济与法律学院	3 年
瑞士（SWITZERLAND）——欧盟国			
120	HEC Lausanne，Université de Lausanne	洛桑大学工商与经济学院	3 年
121	IMD	瑞士洛桑国际管理学院	5 年
122	University of St. Gallen	圣加仑大学	5 年
123	Faculty of Business，Economics and Informatics，University of Zurich	苏黎世大学商业与经济信息学院	3 年
泰国（THAILAND）			
124	Sasin Graduate Institute of Business Administration of Chulalongkorn University	朱拉隆功大学	3 年
125	Thammasat University，Thammasat Business School	泰国国立法政大学商学院	3 年
土耳其（TURKEY）			
126	School of Business，Koç University	科克大学商学院	5 年
英国（UNITED KINGDOM）——欧盟国			
127	Ashridge	阿什里奇管理学院	5 年

续表

序号	英文名称	中文名称	认证周期
128	Aston Business School，Aston University	阿斯顿商学院	5 年
129	Bradford University School of Management	曼彻斯特商学院	3 年
130	Cass Business School，City University	城市大学卡斯商学院	5 年
131	Cranfield School of Management	克兰菲尔德管理学院	5 年
132	Durham University Business School	杜伦大学商学院	3 年
133	Henley Business School，University of Reading	雷丁大学亨瑞商学院	5 年
134	Imperial College Business School，Imperial College London	帝国理工学院商学院	3 年
135	Lancaster University Management School	兰卡斯特大学管理学院	5 年
136	London Business School	伦敦商学院	5 年
137	Loughborough University School of Business and Economics	拉夫堡大学经济及工商管理学院	3 年
138	Manchester Business School	曼彻斯特商学院	5 年
139	Newcastle University Business School	纽卡斯尔大学商学院	3 年
140	Saïd Business School，University of Oxford	牛津大学商学院	5 年
141	The Open University Business School	开放大学商学院	3 年
142	School of Management，University of Bath	巴斯大学管理学院	3 年
143	Birmingham Business School，University of Birmingham	伯明翰大学商学院	3 年
144	Cambridge Judge Business School，University of Cambridge	剑桥大学贾吉商学院	5 年
145	University of Edinburgh Business School，University of Edinburgh	爱丁堡大学商学院	3 年
146	University of Exeter Business School	艾克赛特大学商学院	3 年

序号	英文名称	中文名称	认证周期
147	Adam Smith Business School，University of Glasgow	格拉斯哥大学商学院	3 年
148	Leeds University Business School，University of Leeds	利兹大学商学院	5 年
149	Nottingham University Business School，University of Nottingham	诺丁汉大学商学院	3 年
150	Management School，University of Sheffield	谢菲尔德大学管理学院	3 年
151	Strathclyde Business School，University of Strathclyde	斯特拉思克莱德商学院	5 年
152	Warwick Business School，University of Warwick	华威大学商学院	5 年
美国（UNITED STATES）			
153	Babson College	美国巴布森学院	5 年
154	Bentley University	本特利大学	5 年
155	Krannert School of Management，Purdue University	美国普渡大学管理学院	3 年
委内瑞拉（VENEZUELA）			
156	IESA-Instituto de Estudios Superiores de Administración	委内瑞拉中央大学	3 年

附录 4

《金融时报》(FT)2014 全球 EMBA 排名榜

序号	学校名称	国家	项目名称
1	HEC 商学院/伦敦政治经济学院/纽约大学斯特恩	法国/英国/美国	TRIUM 全球 EMBA 课程
2	香港科技大学商学院/西北大学凯洛格管理学院	中国/美国	凯洛格-科大 EMBA 课程
3	清华大学/欧洲工商管理学院	中国/法国	清华-欧洲工商管理学院的 EMBA
4	加州大学洛杉矶分校安德森/新加坡国立大学	美国/新加坡	UCLA-NUS EMBA 课程
5	哥伦比亚商学院/伦敦商学院	美国/伦敦	EMBA 课程,全球美洲和欧洲
6	宾夕法尼亚大学沃顿商学院	美国	沃顿商学院的工商管理硕士高管
7	华盛顿大学奥林商学院	中国	华盛顿-复旦 EMBA
8	南洋商学院	新加坡	南洋 EMBA 课程
9	欧洲工商管理学院	法国	欧洲工商管理学院的 EMBA 全球
10	中欧国际工商学院	中国	中欧国际工商学院 EMBA 课程全球

续表

序号	学校名称	国家	项目名称
11	芝加哥大学	美国	EMBA
12	IESE 商学院	西班牙	GEMBA
13	IE 商学院	西班牙	全球 EMBA 课程
14	西北大学凯洛格商学院	美国	凯洛格 EMBA
15	IMD 商学院	瑞士	EMBA
16	ESCP 欧洲管理学院	法国	欧洲的 EMBA
17	上海交通大学安泰与经济管理学院	中国	EMBA
18	新加坡国立大学商学院	新加坡	新加坡国立大学亚太 EMBA 课程
19	杜克大学福卡商学院	美国	杜克大学工商管理硕士-全球行政
20	华威商学院	英国	华威 EMBA
21	牛津大学	英国	牛津大学的 EMBA
22	乔治敦大学/ESADE 商学院	美国/西班牙	全球 EMBA 课程
23	凯洛格商学院/WHU-Otto Beisheim 管理学院	德国	凯洛格 EMBA WHU
24	香港中文大学商学院	中国	EMBA
25	伦敦商学院	英国	EMBA
26	哥伦比亚大学商学院	美国	EMBA
27	马赛 KEDGE 商学院	法国/中国	Kedge,上海交通大学全球 MBA
28	高丽大学商学院	韩国	EMBA
29	亚利桑那州立大学凯里商学院	中国	凯里/上海国家会计学院 EMBA 课程
30	ESMT 欧洲管理与技术学院	德国	ESMT 的 EMBA
31	莱斯大学琼斯商学院	美国	赖斯工商管理硕士高管

续表

序号	学校名称	国家	项目名称
32	复旦大学管理学院	中国	复旦大学管理学院 EMBA
33	约克大学商学院	加拿大	凯洛格-Schulich 商学院的 EMBA
34	纽约大学斯特恩商学院	美国	纽约大学斯特恩 EMBA
35	密歇根大学罗斯商学院	美国	EMBA
36	剑桥大学	英国	EMBA
37	乔治城大学麦克多诺商学院	美国	EMBA
38	OneMBA	荷兰/美国/巴西/墨西哥	OneMBA：RSM/UNC/FGV 圣保罗/EGADE
39	帝国理工大学商学院	英国	EMBA
40	城市大学卡斯商学院	英国	EMBA
41	加州大学洛杉矶分校安德森商学院	美国	EMBA
42	康奈尔大学约翰逊管理学院	美国	EMBA
43	中国人民大学商学院	中国	EMBA
44	美国马里兰大学史密斯商学院	美国	史密斯 EMBA
45	多伦多大学罗特曼商学院	加拿大	罗特曼 EMBA
46	科兹明斯基大学	波兰	EMBA
47	康奈尔大学约翰逊商学院/伦敦大学玛丽皇后学院	美国/英国	康奈尔皇后 EMBA
48	西方大学艾维	加拿大/中国	艾维的 EMBA
49	香港大学	中国	港大-复旦 IMBA
50	ESSEC 高等商学院/曼海姆商学院	法国/德国	ESSEC& 曼海姆 EMBA 课程
51	圣加伦大学	瑞士	EMBA
52	天主教大学	哥伦比亚	全球 MBA
53	雷丁大学亨利商学院	英国	亨利 EMBA

续表

序号	学校名称	国 家	项 目 名 称
54	匹兹堡大学	美国	全球 EMBA 课程
55	复旦大学 BI 挪威商学院	中国	BI-复旦 MBA
56	延世大学商学院	韩国	企业工商管理硕士
57	埃默里大学戈伊苏埃塔商学院	美国	周末 EMBA 课程
58	坦普尔大学福克斯工商管理学院	美国	福克斯的 EMBA
59	安特卫普大学管理学院	比利时/俄罗斯	EMBA
60	得克萨斯州 A 与 M 大学梅斯商学院	美国	德克萨斯州 A&M 大学的 EM-BA
61	伊拉斯谟大学鹿特丹管理学院	荷兰	EMBA
62	维也纳大学/明尼苏达太学卡尔森管理学院	奥地利/美国	全球 EMBA 课程
63	南方卫理公会大学考克斯商学院	美国	SMU 的考克斯的 EMBA
64	斯特拉斯克莱德大学商学院	英国	斯特拉斯克莱德 EMBA
65	伊利诺伊大学厄巴纳-尚佩恩分校	美国	伊利诺伊州的 EMBA
66	迈阿密大学工商管理学院	美国	迈阿密 EMBA
67	华盛顿大学福斯特商学院	美国	EMBA
68	同济大学/国立桥路大学	中国/法国	上海国际 MBA
69	波士顿大学管理学院	美国	波士顿 EMBA
70	格勒诺布尔商学院	法国	在职 MBA
71	博科尼大学 SDA 商学院	意大利	EMBA
72	罗格斯大学商学院	美国	罗格斯大学的 EMBA
73	克兰菲尔德大学管理学院	英国	克兰菲尔德大学的 EMBA

续表

序号	学 校 名 称	国 家	项 目 名 称
74	得克萨斯大学奥斯汀分校麦库姆斯商学院	美国	德州 EMBA
75	乔治亚州立大学罗宾逊商学院	美国	EMBA
76	福特汉姆大学研究生商学院	美国	福特汉姆大学的 EMBA
77	苏黎世大学	瑞士	苏黎世 EMBA
78	KOC 大学研究生商学院	土耳其	EMBA
79	明尼苏达大学卡尔森管理学院	美国	卡尔森 EMBA
80	比勒陀利亚大学	南非	模块化和在职 MBA
81	莱比锡商学院	德国	在职 MBA
82	鲁汶大学、根特大学 Vlerick 商学院	比利时	EMBA
83	台湾中山大学	中国	EMBA
84	休斯顿大学鲍尔商学院	美国	EMBA
85	阿尔托大学	芬兰/韩国/新加坡/波兰	EMBA
86	罗切斯特大学西蒙商学院	美国/瑞士	EMBA
87	卡尔加里大学 Haskayne 商学院	加拿大	艾伯塔省 Haskayne EMBA
88	杜兰大学弗里曼商学院	美国	EMBA
89	贝勒大汉卡默商学院	美国	EMBA
90	密歇根州立大学	美国	EMBA
91	里昂商学院	法国	EMBA
92	哥本哈根商学院	丹麦	哥伦比亚广播公司的 EMBA
93	洛桑大学经济及工商管理学院	瑞士	EMBA
94	都柏林大学斯墨菲特研究生商学院	爱尔兰	EMBA

续表

序号	学校名称	国　家	项　目　名　称
95	斯德哥尔摩经济学院	瑞典	上证所工商管理硕士
96	犹他大学大卫埃克尔斯商学院	美国	EMBA/TD>
97	提亚斯宁堡斯商学院	荷兰	EMBA
98	萨班哲大学管理学院	土耳其	萨班哲 EMBA
99	伦敦大学玛丽皇后学院	英国	女王的 EMBA 课程
100	Coppead 商学院	巴西	EMBA

附录 5

2015—2016 年 QS 世界大学前 100 名通过国际认证情况

排名	学校名称	国家或地区名称	是否通过 EQUIS 认证 （Y 表示通过； N 表示未通过）
1	Stanford University	United States	N
2	Harvard University	United States	N
3	University of California, Berkeley(UCB)	United States	N
4	Georgia Institute of Technology	United States	N
5	Imperial College London	United Kingdom	Y
5	University of Cambridge	United Kingdom	Y
7	Massachusetts Institute of Technology (MIT)	United States	N
8	ETH Zurich-Swiss Federal Institute of Technology	Switzerland	N
9	University of Oxford	United Kingdom	Y
10	Carnegie Mellon University	United States	N

续表

排名	学校名称	国家或地区名称	是否通过 EQUIS 认证 （Y 表示通过； N 表示未通过）	
11	National University of Singapore(NUS)	Singapore	Y	
12	University of Michigan	United States		N
13	Cornell University	United States		N
14	The University of Tokyo	Japan		N
15	University of Washington	United States		N
16	Princeton University	United States		N
17	University of California, Los Angeles (UCLA)	United States		N
18	Columbia University	United States		N
19	University of Toronto	Canada		N
20	The Hong Kong University of Science and Technology	Hong Kong, China		N
21	University of Chicago	United States		N
22	The University of Hong Kong	Hong Kong, China	Y	
23	The University of Melbourne	Australia		
24	University of Wisconsin-Madison	United States		N
25	Duke University	United States		N
26	Purdue University	United States	Y	
27	Tsinghua University	China	Y	
27	University of Pennsylvania	United States		N
29	Université Catholique de Louvain(UCL)	Belgium	Y	
30	Texas A&M University	United States		N
31	Nanyang Technological University, Singapore(NTU)	Singapore	Y	

续表

排名	学校名称	国家或地区名称	是否通过 EQUIS 认证（Y 表示通过；N 表示未通过）
32	University of Texas at Austin	United States	N
33	Université de Montréal	Canada	
34	Johns Hopkins University	United States	N
35	Eindhoven University of Technology	Netherlands	
35	McGill University	Canada	Y
35	University of British Columbia	Canada	Y
38	KU Leuven	Belgium	Y
39	University of North Carolina, Chapel Hill	United States	N
40	University of Minnesota	United States	N
41	Tokyo Institute of Technology	Japan	N
41	Université Pierre et Marie Curie(UPMC)	France	N
43	The University of Warwick	United Kingdom	Y
43	UCL(University College London)	United Kingdom	N
45	The Hong Kong Polytechnic University	Hong Kong, China	Y
46	Seoul National University	South Korea	N
47	Pennsylvania State University	United States	N
48	The Australian National University	Australia	N
48	Shanghai Jiao Tong University	China	Y
50	University of California, Davis	United States	N
51—100	Arizona State University	United States	N
51—100	Boston University	United States	N
51—100	Brown University	United States	N
51—100	City University of Hong Kong	Hong Kong, China	Y

续表

排名	学校名称	国家或地区名称	是否通过 EQUIS 认证（Y 表示通过；N 表示未通过）
51—100	Ecole normale supérieure，Paris	France	N
51—100	Erasmus University Rotterdam	Netherlands	Y
51—100	Humboldt-Universität zu Berlin	Germany	N
51—100	Indian Institute of Technology Bombay (IITB)	India	N
51—100	Indian Institute of Technology Kanpur (IITK)	India	N
51—100	Iowa State University	United States	N
51—100	Korea University	South Korea	N
51—100	KTH Royal Institute of Technology	Sweden	N
51—100	Lancaster University	United Kingdom	Y
51—100	Leiden University	Netherlands	N
51—100	London School of Economics and Political Science(LSE)	United Kingdom	N
51—100	McMaster University	Canada	N
51—100	Monash University	Australia	Y
51—100	Cheng Kung University	Taiwan，China	N
51—100	Tsing Hua University	Taiwan，China	N
51—100	New York University(NYU)	United States	N
51—100	North Carolina State University	United States	N
51—100	Northwestern University	United States	N
51—100	The Ohio State University	United States	N
51—100	Peking University	China	Y
51—100	Sapienza University of Rome	Italy	N

续表

排名	学校名称	国家或地区名称	是否通过 EQUIS 认证（Y 表示通过；N 表示未通过）
51—100	Technische Universität Berlin	Germany	N
51—100	The Chinese University of Hong Kong	Hong Kong, China	N
51—100	The University of Auckland	New Zealand	Y
51—100	The University of Manchester	United Kingdom	Y
51—100	The University of New South Wales(UNSW Australia)	Australia	Y
51—100	The University of Queensland	Australia	Y
51—100	The University of Sydney	Australia	N
51—100	Universidade de São Paulo	Brazil	N
51—100	Alma Mater Studiorum-University of Bologna	Italy	N
51—100	University of Barcelona	Spain	N
51—100	Universitat Politècnica de Catalunya	Spain	N
51—100	University of Vienna	Austria	N
51—100	Université Paris Dauphine	France	Y
51—100	University of Alberta	Canada	N
51—100	University of Amsterdam	Netherlands	N
51—100	University of Bristol	United Kingdom	N
51—100	University of California, San Diego(UCSD)	United States	N
51—100	University of Copenhagen	Denmark	N
51—100	The University of Edinburgh	United Kingdom	Y
51—100	University of Florida	United States	N
51—100	University of Illinois at Urbana-Champaign	United States	N
51—100	University of Maryland, College Park	United States	N

附录5　2015—2016年QS世界大学前100名通过国际认证情况

排名	学校名称	国家或地区名称	是否通过EQUIS认证（Y表示通过；N表示未通过）
51—100	University of Southampton	United Kingdom	N
51—100	University of Waterloo	Canada	N
51—100	Vrije Universiteit Amsterdam	Netherlands	
51—100	Yale University	United States	N

注:通过EQUIS、AACSB认证时间截至2015年10月。

后　记

　　本书为上海对外经贸大学中东欧研究中心 2014 年资助课题"EQUIS 与中东欧高等教育能力建设性研究"的结题成果之一。

　　"高等教育能力建设"是当今世界高等教育界非常热门的话题,理论界有许多典范之作,实践层面的探索也正在如火如荼地进行。能力建设一直是国际发展援助自二战结束后和非殖民化时期开始以来的工作核心。然而,这一概念的一般词义曾深受马歇尔计划在欧洲重建工作中的作用以及该计划的成功实施的影响。因此,自国际发展合作诞生几十年以来,这一观点一直占据主导地位,即资本和专业知识才是社会经济发展的主要驱动力,这也曾被刚摆脱殖民统治国家视为终极发展目标。在此前提下,国际发展援助的工作主要沿着"援助"与"技术合作项目"两条主线展开,目的一是填补发展中国家的资源和资金缺口,二是填补发展中国家的技能差距和转移专业技能。过去的十多年,能力建设的问题再次引发人们的高度关注,并引起了人们对这一概念的重新定义的兴趣。新兴的概念逐渐远离基于技术培训和国外专业知识和能力发展的传统词义,旨在全面、完整地概述"能力建设"的复杂内涵。联合国发展计划署(UNDP)认为,能力建设是指个体、组织和社会获得、加强和保持制定和实现自己的发展目标能力的进程。联合国减灾办公室(UNISDR)认为,能力建设是指在一个更广泛的社会和文化环境下,在减少灾害风险领域的过程中,个人、组织和社会实现社会和经济目标的能力得到系统地激发和培养，包括知识技能的提高、体制和制度的完善。经济合作与发展组织/发展援助委员会（经合组织/发援会）认为，能力建设是指将个体、组织和社会作为一个整体开发，并随着时间的推移，加强、创造、改变和维持这种能力的进程。[①]德国国际合作机构（GIZ）认为，能力建设是指加强个人、组织和社会有效利用资源、在可持续基础上实现自己的目标的能力的过程。[②]可见，能力建设随着经济全球化与知识经济的全面到来，概念内涵本身已经发生很大变化，各行各业也均在借助"能力建设"这一关键词，赋予其更加适合本专业领域的全新涵义。

　　史蒂芬·文森特·兰格林是这样迁移、丰富与诠释"能力建设"概念的，即"能力建设是一个过程，在这个过程中，随着时间的推移，个人、组织和社会作为一个整体，形成、调整或保持了成功处理各种事务的能力。在有些情况下，能力建设取决于高技能的获得，以及对个人进展情况的调控。高等教育通过培养推动国家发展的各行各业的劳动力，包括教育领域，以及培养统计学人才和政策分析人才（他们衡量国家发展的程度以及监测发展目标实现与否），从而推动能力建设。"[③]史蒂芬·文森特·兰格林对能力建设的认识主要是基于高等教育人才资源范畴的，也是高等教育领域关注的核心问题。这一诠释视角对本研究具有重要的方法论启示。正如《跨境高等教育——能力建设之路》一书中一直坚持的核心理念那样，跨境教育或学生流动特别有助于能力建设，系统的质量保障活动或标准能给政府、学生、雇主和社会提供关于高等教育机构和项目的有效信息，从而也能够增加机构和项目的绩效。因此，质量保障的系列活动或有影响力的质量标准也就理所当然进入能力建设的研究视角。2012年，"中国—中东欧国家

① http://www.oecd.org.
② http://www.giz.de.
③ 史蒂芬·文森特·兰格：《跨境高等教育——能力建设之路》，高等教育出版社 2010 年版。

合作"机制成立,这是我国主动谋划的塑造对欧关系的重大外交工程。机制成立以来,"中东欧"成为越来越热门的研究方向,中东欧十六国各具底蕴和特色的高等教育情况也越老越多地吸引着研究者的目光。从享誉全球管理学界的 EQUIS 切入,关注中东欧国家高等教育的能力建设就成为本研究的兴趣所在。

EQUIS 作为世界管理学教育认可度极高的认证标准,对管理学教育的质量保障与引领起着非常重要的作用,也是全世界各国管理学教育争相用来衡量与宣传自身品牌价值的质量标准,当然也肯定被管理学教育奉为能力建设的圭臬,是推动高等教育能力建设的重要标准。所以,在上海对外经贸大学中东欧研究中心发布课题的时候,就特别想结合前期的研究成果,聚焦 EQUIS 在中东欧国家高等教育能力建设上的推动作用进行系统的研究,课题名称也定为"EQUIS 与中东欧国家高等教育能力建设的相关性研究",并得到了相关经费资助。

但在深入研究的过程中偶然发现,中东欧十六国高等院校中通过 EQUIS 认证的单位甚少,截至 2015 年 4 月,仅有两所大学通过了认证,这也是申请课题伊始完全没有想到的。但中东欧十六国参与博洛尼亚进程的紧迫性、对建设欧洲高等教育区的积极贡献乃至其色彩斑斓的历史、语言与文化,特别是已经收集到的大量碎片化研究资料,让课题组成员在抉择是否放弃本课题研究的一次重要讨论中显得十分犹豫,欲罢不能成为每个人的心声。参与课题研究的师生都认为在前期的研究中收获很大,在研究过程中的成长是明显的,尤其对于参与其中的学生。在大家的一致认可与鼓励下,课题组又重新调整了研究的部分内容,启动了长达一年的研究征程。展现在读者面前的这本《中东欧十六国高等教育现状——兼论 EQUIS 在中东欧》,就是课题组集体劳动的结晶。本书绝对不敢妄称有多高的理论深度,但正如对中东欧国家有深刻了解的叶蓉教授所评价的那样,本书呈现出的材料的详实性与系统性难能可贵,对全面深入研究中东欧问题具有重要的参考价值。我们也希望通过本书的引领,真正启动对中东欧国家高等教育的系列研究,促使《中东欧研究系列》丛书成为现实。

上海对外经贸大学国际商务外语学院 2014 级研究生董会芳同学,在"能力建设"概念研究与黑山、斯洛伐克、阿尔巴尼亚等国资料的收集与梳理上做了大量扎实有效的工作,并结合相关研究撰写成《居繁荣之表,思危机之备——基于斯洛伐克高等教育的现状分析》一文,发表在《对外经贸教育研究》2015 年第 1 期上;法学院 2013 级法律硕士研究生刘芬,在波兰、罗马尼亚等国资料的收集与梳理上做了大量扎实有效的工作,并结合相关研究撰写成《私立商科院校的发展典范——以波兰科兹明斯基大学为例》一文,发表在《对外经贸教育研究》2015 年第 1 期上;国际商务外语学院 2013 级本科生曾丽,在 EQUIS 相关资料以及爱沙尼亚等国资料的收集与梳理上做了大量扎实有效的工作,并与学姐董会芳共同完成《居繁荣之表,思危机之备——基于斯洛伐克高等教育的现状分析》一文;2014 级应用统计学本科生琚珺,在立陶宛、拉脱维亚等国资料的收集与梳理上做了大量扎实有效的工作,并与学姐刘芬共同完成《私立商科院校的发展典范——以波兰科兹明斯基大学为例》一文。同时,上海对外经贸大学国际经贸研究所的吴素梅老师,在克罗地亚、斯洛文尼亚等国资料的收集与梳理上做了大量扎实有效的工作。上海对外经贸大学 2014 届研究生武慧芳和 2015 届研究生程丽平在本课题申请过程中,在文献收集与分析、课题设计与讨论等方面也做了大量工作。对于以上所有为本书的形成做出贡献的老师与同学,致以我们最诚挚的感谢。

最后,也要诚挚感谢上海对外经贸大学中东欧研究中心为本课题组提供这次难得的研究机会。

图书在版编目(CIP)数据

中东欧十六国高等教育现状:兼论 EQUIS 在中东欧/
宋彩萍,巫雪松编著.—上海:格致出版社:上海人
民出版社,2016.9
　(中东欧研究系列)
　ISBN 978 - 7 - 5432 - 2656 - 2

　Ⅰ.①中…　Ⅱ.①宋…②巫…　Ⅲ.①高等教育-概
况-中欧②高等教育-概况-东欧　Ⅳ.①G649.5

　中国版本图书馆 CIP 数据核字(2016)第 192700 号

责任编辑　葛　智
装帧设计　路　静

中东欧研究系列
中东欧十六国高等教育现状
——兼论 EQUIS 在中东欧
宋彩萍　巫雪松 编著

出　版	世纪出版股份有限公司　格致出版社 世纪出版集团　上海人民出版社 (200001　上海福建中路 193 号　www.ewen.co) 编辑部热线　021-63914988 市场部热线　021-63914081 www.hibooks.cn	印　刷	苏州望电印刷有限公司
		开　本	720×1000　1/16
		印　张	12.5
		插　页	2
		字　数	151,000
		版　次	2016 年 9 月第 1 版
发　行	上海世纪出版股份有限公司发行中心	印　次	2016 年 9 月第 1 次印刷

ISBN 978 - 7 - 5432 - 2656 - 2/F・953　　　　　　　　　　定价:45.00 元